漂流する思考

漂流する思考

新形信和
Nobukazu Niigata

水　声　社

目次

凡例

一、ヘーゲルの作品は、Suhrkamp 社の *Hegel Werke in zwanzig Bänden*（『ヘーゲル著作集』全二〇巻）を用い、その第一〇巻六二ページならば、（Bd. 10, S. 62）と略記します。ハイデガーの『形而上学とは何か』は、Vittorio Klostermann 社の *Heidegger Gesamtausgabe*（『ハイデガー全集』現在刊行中、全一〇二巻の予定）の第九巻に所収。訳文は断りがなければ拙訳です。

一、西田幾多郎の作品は岩波文庫版を用います。『自覚に於ける直観と反省』と『一般者の自覚的体系』はそれぞれ、岩波書店の『西田幾多郎全集』全二四巻（二〇〇二―〇九）の第二巻と第四巻に所収（文字づかいは岩波文庫版に倣って改めました）。

一、志賀直哉の作品は、岩波書店の『志賀直哉全集』全一五巻・別巻（一九七三―七四）を用います。第一巻であれば「全集一」と略記します。「日記」は全集の第一〇巻、「手帳」および「ノート」は第一五巻に収められていますが、煩雑を避けるために、本文中の表記は省略します。『城の崎にて』と『和解』はいずれも第二巻に収められていますが、新潮文庫版を用いました。他の作品も新潮文庫版の文字づかいの原則に倣って改めました。

序章

これから思考と感性についての話をします。まず野球の野村克也監督の話からはじめたいと思います。

もうずいぶん昔のことになりますが、テレビで見た野村監督のことをよく覚えています。たとえば、打者が甘い球を打ち損じたとき、次回からその失敗をくりかえさないようにするためにどうすればよいか。それには考えることが必要です。しかし、今度は失敗しないぞと考えるだけではだめなのです。必要なのは、どのように打ち損じたのか、まず感じることが大切であると野村監督は言います。その感じたことについて考えることによって、打撃を改善することができるのです。ですから、若い選手にとって一番大切なことは感性を磨くことや、感じなかったら何も考えやせん、人は感じるものがあってはじめて、それについて考えるんや、と監督は語っていました。野村監督は幾多の大記録を達成した名選手であり、多くの一流選手を育てた名監督です。なるほど、名選手として活躍し、また名監督として何度も優勝した業績は、このような思考によって達成されたのだなと思いながら見ていました。わたしはその秘訣を語っている監督のことばにとても感銘を受けました。すばらしい人だとすっかり感心した次第です。

野村監督が語っているのは打者の打撃についてですが、事柄は打撃に限定されるものではないのです。監督のことばは思考のありかたそのものの本質をついています。思考は感じるという感性なしには成り立たないと監督は語っています。この感じることを「感性的に見ること」と言い換えますと、思考は「感性的に見る」ことなしには成り立たないということです。想像することもこの感性的に見ることのなかに当然ふくまれます。思考と感性のあいだには緊密な関係があり、思考は感性的に見ることによって決定される、言い換えますと、感性的に見る〈わたし〉のありかたによって、何を思考するか、またどのように思考するかが制約を受けるのです。

現代のわたしたち日本人は、どのようなしかたでものごとを考えているでしょうか。まず、考えるものごとを、考える〈わたし〉が見据えて（＝考える〈わたし〉の前に考えるものごとを対象として立てて）います。そのうえで対象を分析し総合するという作業を行っています。このような思考様式は、自覚することはほとんどないかもしれませんが、実は明治時代以降に西欧から輸入して、（これもまた）西洋から輸入して整備された近代的教育制度のなかで体得した思考様式にもとづいているのです。このような思考様式はフランスのデカルトに代表される西欧の哲学者によって確立されたものであり（また後で詳しくのべることにします）、考える〈わたし〉が主体として、考えるものごとを客体（対象）として見るという二元的な構造をしています。こうして見る主体としての〈わたし〉が、見える客体としての対象を分析し総合するのです。このように近代的思考の構造のなかで感性的に見ることは思考のありかたを左右する核心的な役割を担っているのです。

近代西欧で確立された思考の基盤をなす感性的に見ることがどのようなありかたをしているのかについてはこれから詳述するつもりです。あらかじめのべておかなければならないのは、主体・客体という二元的な対象構造にもとづく近代的思考様式をわたしたちが西欧から輸入したとき、その根底に存在し、成立の基盤をなしている西欧の感性的に見ることを放置したまま無自覚に受け入れたということです。これも後でのべるつもりですが、近代西欧における感性的に見ることと伝統的な日本における感性的に見ることのありかたは根本的に異質です。成立の基盤となっている西欧の感性的な見ることのありかたから切り離して、主体・客体という二元的な対象構造にもとづく近代的思考様式を受け入れたということは、日本人は近代的思考の表層だけを輸入したということになります（夏目漱石は、現代日本の開化、言い換えますと、受容した西欧文化のありかたを「皮相上滑り」であると言っていますが、西欧文化の根底に存在する思考の受容のしかたそのものが皮相上滑りであるということです）。このようなしかたで日本人は西欧で確立された二元論的な対象構造をもつ近代的思考を西欧とは異質なありかたをしている日本の感性的な土壌のなかに受け入れたのです。

日本人が西欧の近代的思考をその基盤に存在する感性的に見ることから切り離して受け入れたということは、受け入れるさいに日本の異質な感性的な土壌のなかに根づくような努力をしなかったということです。そのことは自分たちの感性的な土壌が西欧とは異質であることを自覚することがなかったということを意味します。日本人は、自分たちの感性的な土壌の異質性を自覚することなく、対象構造をもつ近代的思考を西欧の感性的土壌にあるがままの相において、西欧人になったかのようなしかた（つもり）で受け入れたのです。するとどうなったでしょうか。

対象構造をもつ近代的思考と日本の感性的土壌とは乖離したままですから、感性的土壌に根差すことのない日本人の思考は根無し草のように漂流するということになります（さらに、その自覚もないということになります）。さらに、思考する主体としての〈わたし〉の意識が希薄な日本の土壌のなかで、〈わたし〉の思考が根無し草のように漂流するという事態そのものの自覚がなおさら困難になるのです。ヘーゲルは、分析するという活動は悟性（対象構造をもつ近代的思考のことです）がもつ力であり作業であると言っています（『精神現象学』Bd. 3, S. 36）。しかし、考える主体としての〈わたし〉の意識が希薄で、漂流し続ける日本の近代的思考は思考としてのこのような力をもちえないのです。その結果、さまざまな問題が生じることになります。具体的な事例は、また先で示すことにします。

これからお話しする内容について、あらかじめ全体の見通しをのべておきたいと思います。

まず、西欧の近代的思考が成立する基盤である感性的土壌についてお話しします。続いて、近代的思考を確立したデカルトの悟性的思考と、その思考を超えて悟性的思考を自らの哲学のなかに止揚したヘーゲルの理性的思考についてお話しします。その後で、西欧の近代的思考を受け入れる前提として存在する日本の感性的土壌についてお話しします。続けて、西欧の近代的思考を日本がどのように受け入れたのか、西田幾多郎と志賀直哉の場合を事例としてとりあげて考察します。このような作業を終えた後で、受け入れた西欧の近代的思考が日本の現実のなかでどのようなありかたをしているか、具体的に検討するつもりです。最後に、西欧がジャポニスムの時代に日本から真剣に学ぼうとしたように、わたしたち日本人は西欧文化を、侮《あなど》るのではなく、自覚的に真摯に受けとめる努力をすべきではないかという提言をしたいと思います。

第一章　西欧の感性について

フランスのヴェルサイユ宮殿の庭園は、後からお話しします桂離宮の庭園とほぼ同じころ十七世紀の後半につくられました。この庭園は桂離宮の庭園と同じように庭園のなかを歩き回ることができるようになっています。この庭園のなかを歩くときに、歩いている人の視点はどのようなありかたをしているでしょうか。この庭園の平面図を見てみましょう。庭園は主軸を中心にして対称的で、基本的には幾何学的な直線と円で構成されています（図1）。散策路、樹木の成形や配置、池の形や水路が描く線などに見られるように、自然を素材にして、人為が強調されています。庭園のなかに数多くつくられている噴水は象徴的です。自然の重力に逆らって水を噴き上げる噴水は自然に挑戦する人為の表現そのものです。後でのべる桂離宮の庭園には噴水はありません。あるのは、自然の重力にしたがって流れ落ちる滝（小さな段差を流れ落ちる水の流れを滝に見立てたもの）です。重力という自然に関して言えば、西洋を代表する舞台芸術であるバレエのダンサーは、あたかも重力など存在しないかのように軽やかに飛翔します。自然を軽々と超える人間の営為を強調しているのです。日本の舞台芸術を代表する能においては、演者の歩きかたの基本はすり足です。足の裏が床から離れないようにすって移動するすり足は、西欧のバレエのダンサーの飛翔と際立った対照をなしています。

ヴェルサイユ宮殿の庭園では、散策路は直線が交差しており、路の両側の樹木は垂直な壁のように切断されています（図2）。平面図のA地点からB地点へ、B地点からC地点へ歩いていくことにしましょう。A地点に立っているときB地点は見えています。しかし、C地点は見えません。B地点にいたると、振り返るとA地点は見えますが、C地点は見えません。C地点にいたれば、A、B両地点は見えないでしょう。地点間の関係はこのようになっています。しかし、A地点とB地点はもちろん、B地点とC地点、C地点とA地点を関係づけることができるのです。それは、基軸となる地点S（この地点は宮殿の「鏡の間」にあります）が存在することによって可能になるのです。このS地点を基軸にして（実際にここに立つなり、イメージの中で立つことによって）補助地点Pを媒介点にして三つの地点を関係づ

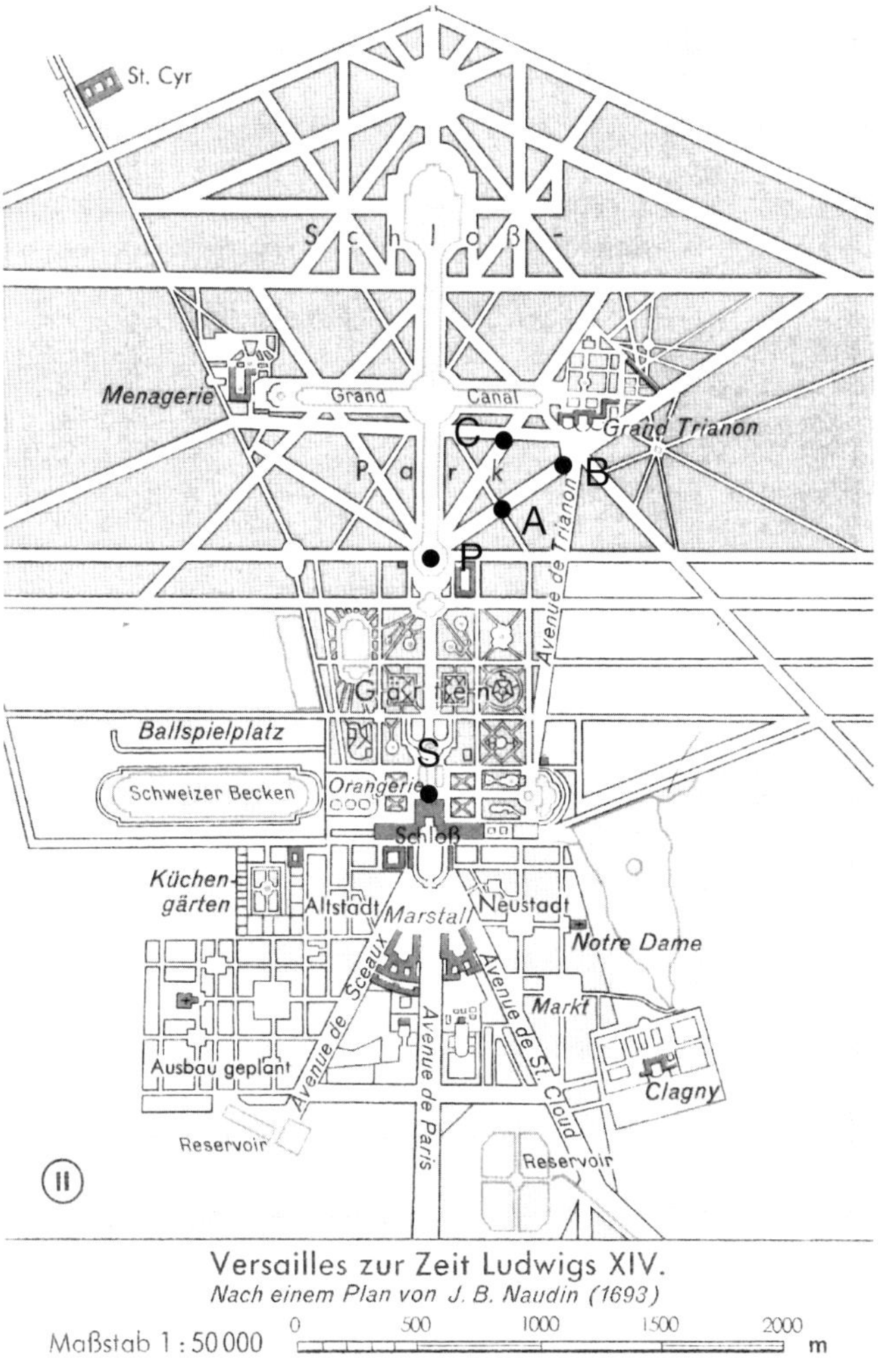

図 1　ヴェルサイユ宮殿の庭園の平面図

けることができるのです。図3に示しましたように、この関係は座標軸上の三つの地点として表すことができます。デカルトやフェルマーによってこの時代に解析幾何学が創始されています。解析幾何学とヴェルサイユ宮殿の庭園の構成原理は無関係ではないのです。

このような基軸となる地点は特権的な中心点です。この中心点が存在することによって、ある地点に立っているときの視点(〈わたし〉)と別の地点に立っているときの視点(〈わた

図2　ヴェルサイユ宮殿の庭園の散策路

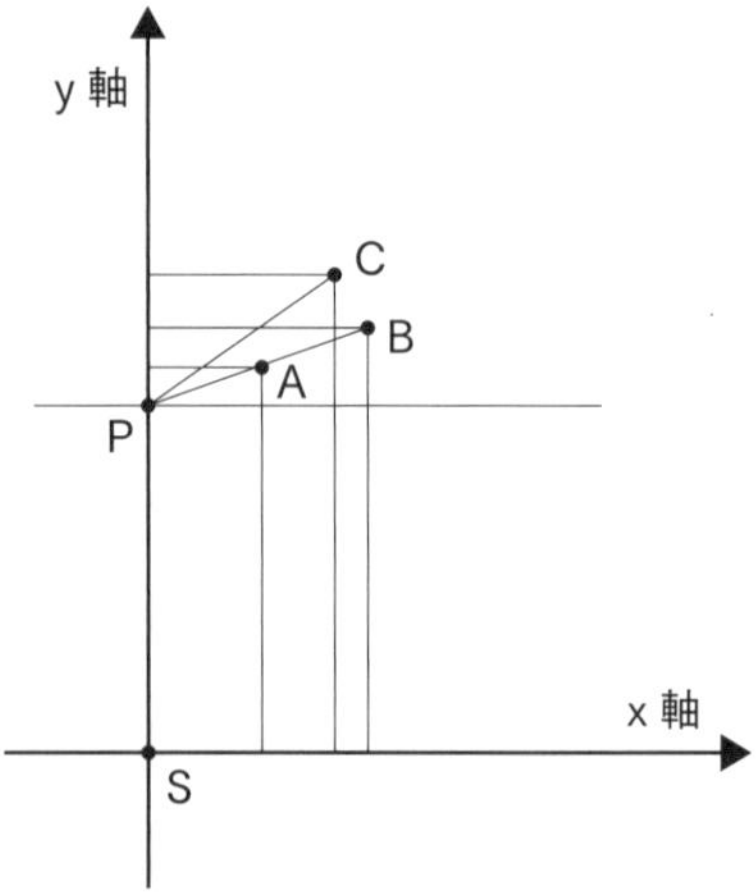

図3　ヴェルサイユ宮殿の庭園の座標

し〉）の関係が成立し、そのことによって、それぞれの地点における時間と空間は連続することになります。この連続性は、媒介する地点を介して関係づけを行う過程によって保証されています。この過程が論理です。この過程が、基軸となる中心点によって成立するように、論理は原理・原則あるいは理念（基軸となる中心点）によって成立するのです。ヴェルサイユ宮殿の庭園における視点の自己同一性（アイデンティティ）は、（後でのべるように、桂離宮の庭園の場合のように庭園に依存するのではなく）時間的空間的連続性を根拠にして自立する視点そのものにおいて成立します。

ヴェルサイユ宮殿の庭園における時間的空間的連続性は基軸となる固定した中心点が存在することによって成立すると言いましたが、この固定した中心点は庭園がつくられた十七世紀後半になって突然形成されたのではないのです。形成されたのは二百年ほどさかのぼったルネサンスの時代のことです。ルネサンスの時代に形成された新しいものの見かたはパースペクティヴとよばれるものの見かたです。パースペクティヴは透視画法と（あるいは、遠近法とも）訳されます。それがどのような見かたであるか、これから説明しましょう。図4をごらんください。この図は、ルネサンスの先進国イタリアで学んだドイツの画家デューラー（一四七一―一五二八）が描いたパースペクティヴについて説明するための銅版画です。この銅版画は、パースペクティヴにおける画家の固定した視点（〈わたし〉）のありかたをよく

図4　デューラーの銅版画

示しています。

画家は片方の目（この図では、右目を閉じて左目）だけを開けてモデル（対象）を眺めています。目の位置を固定するために机の上に先がとがった棒が立ててあり、画家はその先端に左目をあてています。画家とモデルの間には縦糸と横糸を張った木の枠が置かれています（縦糸と横糸の間隔は実際にはもっと狭いのでしょうが、説明を分かりやすくするために間隔があいていると思ってください）。その縦糸と横糸の線と同じ（か、相似形の）線が机上の画布にも引いてあります。画家は固定した片方の目でモデルの身体のそれぞれの部分を丹念にたどりながら、それぞれの部分が見える木枠の縦糸と横糸上の位置を確かめ、その位置に対応する画布上の地点にしるしをつけていきます。このようにしてすべての部分をたどり終えた後で、画布上にしるした点をつなげばモデルの輪郭ができあがります。この輪郭はモデルの三次元の立体的な身体を二次元の平面的な画布の上に写しとったものです。

このような画法をパースペクティヴ（透視画法）といいます。

透視画法と訳すのは、ある平面（ここでは、木枠に張ってある縦糸と横糸が形成する透明な平面）を透かして対象を見る（つまり、対象を透視する）画法だからです。この画法では、固定した一点からモデル（対象）を眺めて、自分の前方にある（縦糸と横糸が形成する）透明な平面のところでモデル（対象）をとらえ、それを画布に写すわけですから、モデル（対象）を眺める視点（〈わたし〉）はこの透明な平面の外にあります。言い換えますと、この視点（〈わたし〉）は、モデル（対象）とのあいだに透明な平面を置いてモデル（対象）をその平面のところでとらえるというしかたで、モデル（対象）を自分の外（の前方）に定位しているのです。

画家のこのように固定した視点（〈わたし〉）のことをパースペクティヴの視点とよぶことにします。この視点はモデルを写しとった絵画の画面の外にあります。しかし、その位置は画面のなかに表現されているのです。そのことを**図5**を用いて説明してみましょう。

図5　マッハのスケッチ

この図はオーストリアの哲学者エルンスト・マッハ（一八三八―一九一六）が描いた「自己直観の〈わたし〉」と名づけられた自画像です。マッハは安楽椅子にもたれながら左目で目の前の部屋のなかの様子と窓の外の景色を眺めています。マッハには自分の身体の一部も同時に見えています。マッハの〈わたし〉（視点）は絵の上方のわずかに見える眉毛、湾曲した鼻筋、それに続く左の口髭などの手前、つまり、この画面の手前のところにいます。マッハがこの自画像を「自己直観の〈わたし〉」と名づけているのは、その〈わたし〉を直観したままの姿で描いたという意味を込めているのです。

部屋の床板の継ぎ目の平行な直線や、書棚の横板の平行な直線は、遠ざかるにつれて幅が狭くなっていきます。これらの直線を延長すると、すべての直線は窓の下枠の左から三分の一あたりのすぐ上の一点に収束します。つまり、すべての平行線がこの地点で消失するのです。ですからこの地点を消失点とよびます。この消失点と眺めているマッハの〈わたし〉（視点）との関係はどのようになっているのかと言いますと、画面上の消失点に垂直に立てた直線の手前のこちら側にマッハの〈わたし〉（視点）がいるという関係になっています。言い換えますと、画家のパースペクティヴの視点（〈わたし〉）の位置は画面のなかの消失点の位置として示されているということです。

ルネサンスの時代にこのようなものの見かたが成立しました。これまで「対象」という日本語を使ってきましたが、この言葉はドイツ語のGegenstandという言葉を日本語に訳したものです。原語は「対して立つもの」を意味します。デューラーの銅版画のモデルは画家の視点（〈わたし〉）に「対して立つもの」、つまり、画家の前方に定立した「対象」として眺められているのです。

このようなパースペクティヴの視点はたんなる絵画や彫刻などの芸術の領域にとどまるものではありませんでした。このような視点が確立された後で、視点と対象の関係はたんなる芸術の領域を超えて普遍的な関係へと拡大していきました。こうして成立したのが科学的なものの見かたです。西欧では、パースペクティヴの視点が成立したルネサンスの時代に、自然を一つの全体として、その外から対象として眺める見かたが確立するのです（言い換えますと、対象としての自然を発見したのです）。西欧でもルネサンス以前にはそのような自然は存在しなかったのです。もともと日本語には西欧の（ルネサンス以降の）「自然」に相当することばはありませんでした。大野晋は、その理由として、古代の日本人が「自然」を人間に対立する一つのものとして、対象としてとらえていなかったからであろう、と語っています（『日本語の年輪』新潮文庫）。日本語の「山川草木」や「花鳥風月」は自然の内部で個別のものをつなぎあわせてできたことばです。日本語として存在した「自然」ということばは、「じねん」（おのずからしかり）という意味であり、心境を表現することばでした。そのことばを明治以降になって、英語 nature の意味をもつ翻訳語として使うようになったのです。

パースペクティヴの視点の話にもどります。この視点が確立することによって科学的なものの見かたが成立したと言いました。万能の天才とよばれるレオナルド・ダ・ヴィンチ（一四五二―一五一九）は、このようなパースペクティヴの視点から世界を眺めるというものの見かたを、芸術家としてだけではなく（言うまでもありませんが、パースペクティヴの手法による「最後の晩餐」は彼の代表的な絵画として有名ですね）、科学者としても、一身に体現している人物です。膨大な手稿として残された軍事学や解剖学、機械工学や自然学、都市計画などさまざまな領域におよぶ彼の多方面にわたる膨大な記録は、ルネサンスの時代にすでに、世界（自然）が彼の視点の前にそのような科学的な対象として展開していたことを物語っています。彼の科学的な業績のなかには、やがて十七世紀の科学革命の時代を経てはじまる産業革命をすでに先取しているものがあります。たとえば、彼が考案した精密に描かれた機械装置の設計図は、産業革命の時代に成立した大量生産の原理を二百五十年も前にすでに体現しているものです。ただ、ルネサンスの時代には、残念ながら、まだ動力としての蒸気機関は発明されていませんでした。しかし、このことは時代をはるかに先んじて生きた天才の先見性を示していることを意味しています。

ものごとを固定した地点から対象として外から見るというルネサンスの時代に誕生したパ

ースペクティヴの視点はどのようにして成立したのでしょうか。つぎにそのことを考察することにします。その成立はこの時代に生じた宇宙観の変遷とそれにともなうキリスト教の神の変容によるのです。神の変容についての話からはじめることにしましょう。

まず中世の時代に描かれた宗教画を一枚示します（**図6**）。これは「聖マタイ」の図像で十世紀末に作成された『オットー三世の福音書』の挿絵の一枚です（ミュンヘン、バイエルン国立図書館蔵）。中央にキリストが大きく描かれています。その上方に福音書を記している聖マタイがいます。その他の人物像についての説明はここでは省略します（詳しいことは拙著『日本人はなぜ考えようとしないのか――福島原発事故と日本文化』（新曜社）をごらんください）。この絵の背景となっている空間は金泥で塗りつぶされています。この空間が地上のものではなく、超自然の世界であることを表現しているのです。この空間の秩序は、中心性と大きさにもとづいており、宗教

図6　中世の絵画「聖マタイ」

的に価値の高い人物が中央に大きく描かれています。

図7はルネサンスの初期に描かれたマサッチョによる「三位一体」という名の宗教画です（フィレンツェ、サンタ・マリア・ノヴェッラ教会、一四二五―二八）。中央に父なる神が立っており、その前にその子キリスト、父と子の間には聖霊（の象徴としての鳩）が描かれています。その両脇には、聖母マリアと使途ヨハネが、さらに外側にはこの絵の依頼主（寄進者）が描かれています。空間の中心性という秩序は保たれているように見えますが、神やキリストと聖母や使徒、人間の大きさには違いがありません。背後の空間は地上のこの現実の空間です。神はこの地上の空間のなかに降り立っているのです。マサッチョのこの宗教画はキリスト教の神のありかたが大きく変化したことを示しています。

中世の時代にはキリスト教の神は天上の世界にいるとイメージされていました。そのイメージは天動説という宇宙観にもとづくものでした。宇宙は有限であり、その中心に不動の地球がある。その周りを太陽が回り、さらにその上の恒星天では恒星が回っている。恒星天のさらに上には、地上とは別の秩序にもとづく、神や天使たちが住まう天上の世界がある、そういうイメージです。このような宇宙観にもとづくイメージは千年以上も続きましたが、中世も終わりに近づくと天動説が揺らぐようになります。時代は地動説へと移行しつつあったのです。コペルニクスが『天体の回転について』を発表したのは一五四三年でしたが、地動説はこの本とともに突然登場したのではありません。彼の地動説に直接的・間接的に影響を与えた先駆者たちがいましたし、これからのべるマイスター・エックハルトやニコラウス・クザーヌスも、天文学者ではありませんでしたが、地動説を準備した先駆者に数えることができるのです。地動説では、地球は宇宙の中心ではなく、無限の宇宙の暗闇の中をさまよっているというのですから、天上の神の居場所は消滅します。居場所を失った神は地上に降りてくるのです。マサッチョの「三位一体」はこうして地上に降り立った神の姿を描いているのです。神の変容はこのような宇宙観の変遷と軌を一にした出来事です。ところで、神は地上に降り立ったと言いましたが、地上のどこに降り立ったのでしょうか。そのことを考えてみなければなりません。

図7　マサッチョ「三位一体」(部分)

キリスト教に関する表現のなかに「神の目」ということばがあります。このことばはドイツ語圏などでは普通に用いられることばです。ドイツ語では「神の目」を das Auge Gottes や Gottes Auge と言いますが、その後ろに Apotheke（薬局）を付けた「Gottes Auge Apotheke（神の目薬局）」という名前の薬局もあります。アメリカの一ドル紙幣の裏に「神の目」の図像が印刷されているのはご存知でしょう。「神の目」ということばは、このように決して特殊なことばではないのですが、どういうわけか学問の領域では、あまり注目されることがなく、研究書や論文はあまり多くはありません。本国ドイツの学界であまり注目されないからなのでしょう、日本でとりあげられることはほとんどありません。ですから、これからのべることは、わたしの独断的見解であるという批判を受けるかもしれないということは、あらかじめ申し上げておかねばなりません。

「神の目」の図像はルネサンスの時代に登場します。その一枚をとりあげてみます。**図8**はイタリアの画家ロレンツォ・ロット（一四八〇ごろ—一五五六）によるものです。この図像はイタリアのベルガモにあるサンタ・マリア・マッジョーレ教会の内陣にある聖職者用の椅子の背にいくつも描かれているもののうちの一枚です（一五二〇年代）。アダムの息子であるセツの息子のエノッシュは、主の御名によって祈ることをはじめた人であると旧約聖書に書かれています（『創世記』4.26）。図はエノッシュが息子たちに神に祈るように教えている場面です。

ルネサンスからさらに時代を下ってバロックの時代になりますと(バロックの時代というのは、十七世紀はじめから十八世紀半ばにかけての時代です。十七世紀は科学革命の最盛期であり、近代的世界観を哲学的に確立したデカルトの時代です)、この時代につくられた教会堂の天井や祭壇や尖塔などに、様式化されて三角形で囲まれた「神の目」の図像が飾られるようになります。「神の目」を縁どる三角形は三位一体の神を象徴するものです。反宗教改革運動が特に盛んだったウィーンやプラハのカトリック教会ではいたるところで見ることができます。**図9**はウィーンの聖ミヒャエル教会の内陣の天井にある「神の目」です。宗教改革の時代に新教側の勢力拡大に脅威を感じたカトリック勢力は、失地回復のためのさまざまな手段を講じました。トレント公会議(一五四五—六三年。この公会議はコペルニクスの『天体の回転について』の出版の二年後にはじまっています)では、美術を布教の手段にするよう正式に位置づけ、信仰を近代化し人間的なものにし

図8　ロットの「神の目」

図9　ウィーン，聖ミヒャエル教会内陣天井の「神の目」

て、大衆に視覚的に示すという方法をとるようになりました。このような運動のなかで「神の目」の図像が広まっていきました。イエズス会を中心とする反宗教改革運動が「神の目」の図像の普及につとめたのは、ルターのカトリック批判の根拠となった人間と神との直接のかかわりをカトリックの側で受けとめ、それに対抗しようとする方策であったと言うことができるのです。

このような「神の目」についてはじめて言及した思想家はおそらくドイツの神学者マイスター・エックハルト（一二六〇ごろ―一三二七）ではないかと思われます。彼は十四世のはじめに次のように語っています。

わたしが神を見ている目は、神がわたしを見ている、その同じ目である。わたしの目と神の目、それは一つの目であり、一つのまなざしであり、一つの認識であり、そして一つの愛である。

（『エックハルト説教集』田島照久編訳、岩波文庫。強調は原文）

ルネサンスの時代がすでにはじまっていた十五世紀のはじめに、エックハルトの影響を受けたドイツの神学者ニコラウス・クザーヌス（一四〇一―六四）はつぎのように書いています。

主よ、あなたが私を慈愛の眼差しで見つめて下さっているのですから、あなたの観ることは、私によってあなたが観られること以外の何でありましょうか。あなたは私を観ながら、隠れたる神であるあなたを私によって観させるために、［あなたを私に］贈って下さっているのです。あなたが、自らを観させるようにと贈って下さらない限り、誰も［あなたを］観ることはできません。あなたを観ることは、あなたを観ている者をあなたが観て下さることに他ならないのです。

（『神を観ることについて』八巻和彦訳、岩波文庫。［　］は訳者）

キリスト教の神はいかなる意味でも目に見える（観える）存在ではありません。クザーヌスが語っている「隠れたる神」というのはそのことを意味しています。ですから、エックハルトが言う、神を見る「わたしの目」とわたしを見る「神の目」が同じ一つの目であるということ、および、クザーヌスが言う、わたしが神を「観る」ことと神がわたしを「観る」こととは同じであるということは、信仰にもとづいて言われていることです。

中世の時代には、人間は世界を超越した天上の世界にひたすら神を仰ぎ見ていました。いま、神は地上の人間の目に降り立ち、その目に直接に臨在しているのです。言い換えますと、キリスト教の神に対する信仰が人間のものを見る目に直接基礎を置くようになったのです。ルネサンスはアルプスの北では宗教改革の形をとりました。ルターの信仰の核心にあるのは、カトリックのように教会におけるローマ法王を頂点とする宗教の専従者たちが神と一般の信者の間を仲介するのではなく、人間と神との直接のかかわりこそが重要であるという考えでした。エックハルトやクザーヌスのことばからはこのようなルターの考えも生み出されることになりました。ルネサンスも宗教改革もキリスト教の神に対する信仰の直接化を基盤にして成立しているのです。違いは、ルネサンスにおける信仰の直接化が、アルプスの北では宗教改革を生み出し、イタリアでは、（人間のものを見る目に視点を固定した）パースペクテ

図 10　マサッチョ「三位一体」の消失点（F 点）

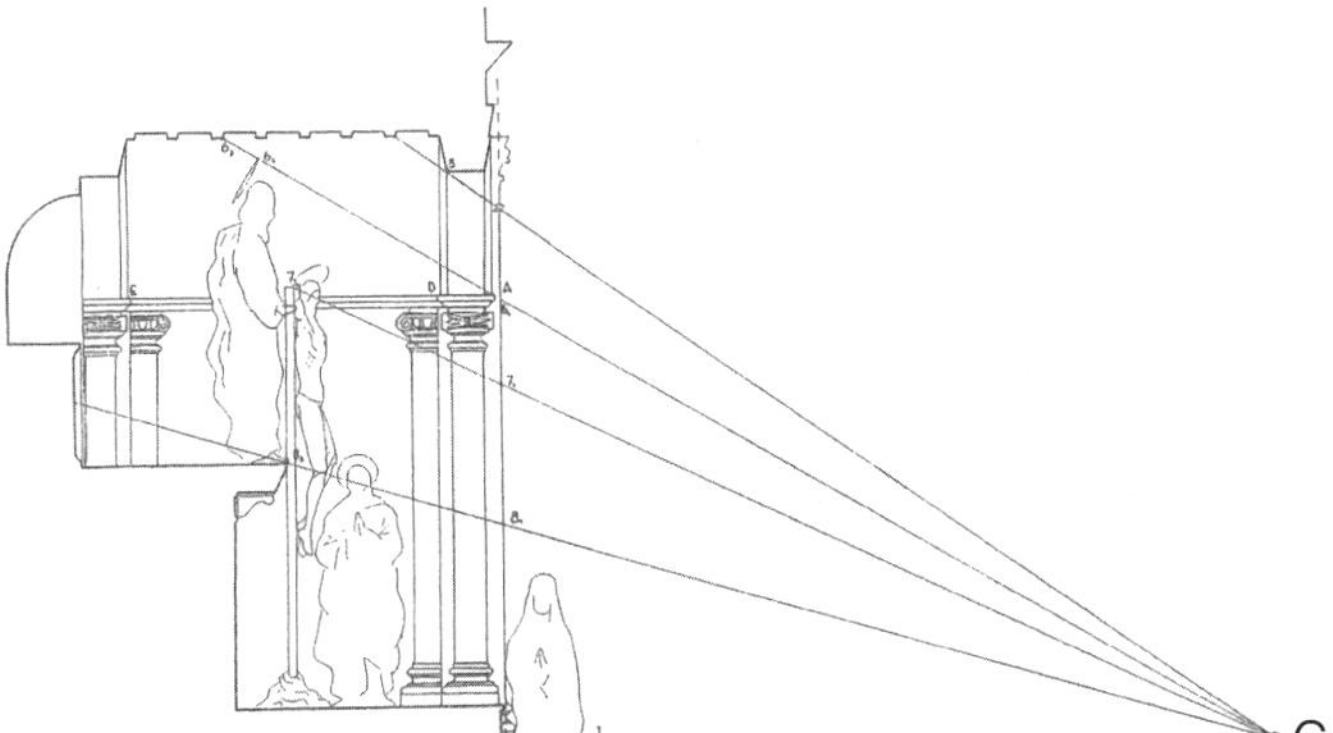

図 11　サンパオレシによるマサッチョの視点の図解（G 点）

ィヴを生み出して中世の時代とは異なる芸術を開花させることになったということです。

キリスト教の神は唯一絶対の超越神です。中世の時代には神は人間の世界を垂直に超越して天上の世界にいるとイメージされており、人間はそのような神を仰ぎ見ていました。ルネサンスの時代に神は地上に降り立ち、人間の目に居場所を定めたと言いました。神を見る人間の目が神の目によって見つめられることによって、人間の目が神の目と同一化したのです。言い換えますと、天上の世界に超越していた神を、人間は見ていた自分たちの目の中にとり込んだのです。神は超越神です。神は人間の目のなかでどのようなしかたで超越しているのでしょうか。

このことを考えるためにもう一度マサッチョの「三位一体」の宗教画にもどることにします。この絵の消失点は**図10**に示しましたように画面上のFの地点です。この消失点Fの地点に垂直線を立てて手前の方向に向かってしかるべき距離をとれば、そこに画家マサッチョの視点があります。サンパオレシは、マサッチョの宗教画をもとに、マサッチョが彼のパースペクティヴの視点Gの位置から対象である三位一体の神をどのように眺めているかを、側面から眺めることによって立体的に示した図解を描いています(**図11**)。サンパオレシのこの図には画家のマサッチョと三位一体の神との関係がどのようであるか視覚的に明確に示されています。

少しわき道にそれますが、ルネサンスの時代は、すでにのべましたように、人間が対象として、総体としての自然を発見した時代ですが、さらに、サンパオレシのこの図が示すように人間が空間を発見した時代でもあるのです。空間というのは二次元の平面に奥行きが加わった三次元の世界です。パースペクティヴの固定した視点が確立されて、固定した一点からものを眺めるようになると、世界に奥行きが成立するようになります。人間の目にとって、奥行きはものを見る固定した視点が定まらなければ成立することはなく、存在しないのです。そのことは、すでにとりあげました二つの宗教画、奥行きを欠いた平板な中世の「聖マタイ」像と、ルネサンスの三次元の立体的な世界の中にいる神を描いたマサッチョの「三位一体」を比べてみると一目瞭然です。

サンパオレシの図解にもどることにします。マサッチョはパースペクティヴの視点Gから、デューラーの銅版画で言えば、縦糸と横糸が形成する透明な平面のところで、三位一体の神を透視することによってとらえています。言い換えれば、マサッチョの目は描かれた三位一体の神を、透明な平面の外から平面のむこう側に対象としてとらえているのです。マサッチョと神とのあいだにはそのような距離が存在しています。神はその距離を隔ててマサッチョの目から超越していると言うことができます。超越神である三位一体の神はそういうしかたでマサッチョの目のなかで超越しているのです。

マサッチョの「三位一体」の神はマサッチョの目のなかに（イメージとして）存在する神です。彼は「三位一体」の神を心のなかで見つめています。その見つめている神をパースペクティヴの視点Gに立脚して教会の壁面に対象として描いたのです。つまり、心のなかで見つめている神を描くときに、パースペクティヴの視点Gから神を眺めることによって、神は視点Gから距離を置いて対象として存在するようになります。対象としてマサッチョの前方に定立された超越する神は、水平方向に距離を置いて眺められています。つまり、対象としてマサッチョの前方に定立された神は、そのときマサッチョから水平方向に超越しているのです。逆に言えば、前方に距離を定立して神を眺めるとき、マサッチョの視点Gもその距離だけ対象としての神から超越しているのです。マサッチョは神を眺めています。神も神を眺めているマサッチョを眺めています（たとえ、マサッチョと視線が合っていなくても、全能の神はすべてをみそなわす目でマサッチョを見ているのです）。マサッチョと三位一体の神はお互いに超越しながら向かいあっているのです。中世の時代には超越は垂直方向でしたが、ルネサンスの時代にいたって神が地上に降り立ち人間の目の中に臨在するようになって、超越のしかたは水平方向に転換するのです。

すでにのべましたように、ニコラウス・クザーヌスは、わたしが神を「観る（見る）」ことと神がわたしを「観る（見る）」ことは同じである、と語っていました。「三位一体」の神を描いたマサッチョ（一四〇一―二八ごろ）の宗教画はクザーヌスのことばを絵画によって表現したものであると言えます。マサッチョはイタリア人であり、クザーヌスはドイツ人です。国は違いますが二人が生まれたのは同じ一四〇一年です。夭折したマサッチョは一四二八年ころにはすでに死んでいます。クザーヌスは学生としてイタリアのパドヴァに滞在したこともありますが、一四二五年にはイタリアを去ってドイツにもどっています。クザーヌスの『神を観ることについて』が刊行されたのは一四五三年ですからマサッチョはクザーヌスのことを知らなかったでしょう（クザーヌスがマサッチョのことを知っていたかもしれないという可能性は残りますが、明らかではありません）。二人が同じ年に生まれたというのは偶然ですが、偶然ではないのは、人間の神に対する関係を示すルネサンスの時代精神を二人が共有しているということです。二十八歳で夭折したマサッチョが死の直前に描いた「三位一体」という宗教画は、クザーヌスが言葉で表現した思想を絵画として視覚的に表現しているのです。

ルネサンスの時代に人間は三つの発見をしたといわれます。そのうちの二つは（対象としての）自然の発見と（奥行きをもった）空間の発見です。その話はすでにしました。残る一つは人間が個性というものを発見したということです。パースペクティヴの固定した視点からものを見るようになるということは、それぞれの人間が一人で神と対面し、神に支えられることによって孤立することを意味します。それが、パースペクティヴの視点に立って固定した一点からものを見るということであり、人間はそれぞれ孤立した視点に立脚して他の人間に対峙するようになるのです。こうして自と他は明確に区別されるようになります。他者は自己とは別の異なった存在として、自己はそのような他者とは異なった存在として明確に意識されるようになるのです。自己が他者とは異なるかけがえのない存在としての個性をもつようになって、この時代に自画像が誕生します。ルネサンスの時代になって描かれる人物像は、生気を欠いた中世の時代の人物像とは違って、人間的な生き生きとした表情をするようになりました。誕生した自画像は人間の、たんなる自意識ではなく、自己意識を明確に表現しています（ちなみに、この自己意識を哲学的に基礎づけ、確立するのは十七世紀のフランスの哲学者デカルトです。その話はまた先ですることにします）。自画像と言えばレオナルド・ダ・ヴ

図12　デューラー「自画像」（部分）

ィンチのもの（一五一二）が有名かもしれませんが、もっとも早い時期の自画像を代表例としてとりあげて見ておくことにしましょう。**図12**はドイツの画家デューラー（透視画法のときに紹介した画家です）が一五〇〇年に描いた青年時代の自画像です。図は顔の部分を拡大したものですが、その目は実に子細にリアルに描かれています。未知の自分を見極めようとするひたむきで内省的なまなざし、何ものかを求める心、何事かを成し遂げたいという野心、不透明な未来に対する漠然とした不安、青年時代特有のかすかな倦怠感などなど、目の中にはこの青年のあらゆるものが描きこまれています。

第二章　デカルトとヘーゲル

デカルト（一五九六―一六五〇）の『方法序説』が出版されたのは一六三七年、バロックの時代です。『方法序説』は「屈折光学」「気象学」「幾何学」の三試論の序文として書かれたものですが、独立した著作として読まれるようになりました。成立の事情が示すように『方法序説』は諸学の方法をのべようとしたものです。一般化すれば、『方法序説』は、デカルト自身においてのみならず、当時進行していた科学革命のなかで科学的方法を語ろうとするものであったということができます。科学革命とは、バターフィールド（一九〇〇―一九七九）によれば、コペルニクス（一四七三―一五四三）からニュートン（一六四二―一七二七）にいたるまでの近代自然科学の急激な発達の過程を指しています（『近代科学の誕生』

渡邊正雄訳、講談社学芸文庫)。彼は、科学革命における科学の画期的な発展は科学者の精神の内部に起こった意識の変化によって生じている、とのべています。この科学者の意識の変化は、ルネサンスの時代に成立したパースペクティヴの視点にその源泉を求めることができるのです。

天動説では地球は不動で太陽などがその周りを回っていると考えていました、それは、感覚的にそのように見えるという事実を絶対化することによって維持されてきたのです。しかし、地球から見て太陽が動いているように見えるのは、太陽が動いているからではなく、地球のほうが動いているからであると考えることも当然できるわけです。そのように考えることは、感覚を相対化することによって可能になります。コペルニクスの地動説はこのような感覚の相対化によって生まれました。クザーヌスも地動説を認めていますが、彼は直観的にそのように考えたのです。しかし、コペルニクスは観測データにもとづいて地動説をとなえました。彼の地動説は科学的な方法によって成立しているのです。ですから科学史家や歴史家は、科学革命に最初の一歩を踏み出したのは『天体の回転について』(一五四三)を書いたコペルニクスであると評価するのです。(科学革命についての詳しいことは省略します。これ以上のことは、にしくにさきというペンネームで書いた拙著『日本人と西洋文化』(未知谷)を参照してください。)

デカルトが生きた時代は人間精神が根底から動揺していた時代です。自分たちが住んでいる地球は不動で有限な宇宙の中心に位置しているという天動説（宇宙観）が崩壊し、地動説が登場しました。人びとは宇宙が無限の空間であり、地球はその中を当てもなくさまよっているということを知りました。宇宙の無限の暗闇の中に投げだされた人間は、地球とともに安定した中心を失って、確かな拠り所を失ったのです。デカルトよりも二十七歳年下の同時代人パスカルは「この無限の空間の永遠の沈黙はわたしを恐怖させる」と語っています。地動説は太陽が地球の周りを回っているのではなく、地球が太陽の周りを回っているというものでしたから、太陽が地球の周りを回っているように見える感覚に対する信頼を根底から覆すものでした。地動説は、精神がもはや感覚に依拠することができなくなったということを意味しており、感覚に対する信頼が失われることによって、すべてが不確実なものになりました。このようにして精神の安定が根底から失われることになったのです。

デカルトは「この宇宙には不動の点はどこにも見出せない」と語っています。そうであるならば、とデカルトは決意するのです、宇宙に不動の点がどこにも存在しないのであれば人間がそれを定めなければならない、と。この壮大な決意を実行するためにデカルトは、『省察』（一六四一）の冒頭に書かれているように、「学問において堅固でゆるぎないものをうちたてよう」と決意します。そのためには「一生に一度は、すべてを根こそぎくつがえし、最初の土台から新たにはじめなくてはならない」と考えました。そのためにデカルトが行おうとしたのが、ほんの少しでも疑いをかけうるものは、すべて絶対的に誤ったものとして捨て去ろうとすることでした。これがデカルトの方法的懐疑と呼ばれるものです。

この懐疑はまず感覚に対する懐疑からはじまっています。それがどのような過程をたどったのかという経過は興味深いものですが、ここではくりかえしません。詳しいことは拙著『日本人の〈わたし〉を求めて――比較文化論のすすめ』（新曜社）を参照してください。感覚に対する疑いからはじまった懐疑は、最終的に、すべてが疑わしいと考えている〈わたし〉自身に向かうことになります。どのようなしかたかと言いますと、〈わたし〉は、疑わしいと考えている〈わたし〉自身の存在を疑わしいと考えている、そのとき、疑わしいと考えている〈わたし〉自身の存在を疑わしいと考えている〈わたし〉の存在を疑うことができるのだろうかということです。そのように考えている〈わたし〉の存在を疑うことはできない、とデカルトは言います。何故か。それは、そのように考えている〈わたし〉は直観によって存在するものだから、と言うのです。直観とはデカルトにとって自然の光を意味します。自然は神が創造したものであり、光はその自然に由来します。直観はそのような光に照明されて、つまり、神に照明されて、存在するのです。ですから、疑わしいと考えている〈わたし〉の存在は直観されているがゆえに確実であると言うのです。

『方法序説』でデカルトがはじめて語った「〈わたし〉は考える、ゆえに、〈わたし〉は存在する」という有名な命題は、こうして生まれました。「〈わたし〉は考える」と「〈わたし〉は存在する」とをむすぶ「ゆえに」は推理ではないかと批判されたとき、デカルトはそうではなく「直観」であると答えています。デカルトの命題は「〈わたし〉の存在」は確実であり、疑うことはできないと言い換えることができます。何故確実で、疑うことができないのかと言いますと、欺くことがない誠実な神（への信仰）が〈わたし〉を支えているからです。

さきほど、デカルトの懐疑は、終局において、すべてが疑わしいと考えている〈わたし〉自身に向かうと言いました。懐疑の終局において、〈わたし〉が、疑わしいと考えている〈わたし〉のことを考えるとき、〈わたし〉は考える主体の〈わたし〉と、その〈わたし〉によって考えられる客体の〈わたし〉とに二重化しています。この二重化が「自己意識」です。この二重化した自己意識の〈わたし〉において、考えている主体の〈わたし〉は疑いもなく、確実に存在するということを表明しているのが「〈わたし〉は考える、ゆえに、〈わたし〉は存在する」という命題です。英語の subject という語は、ラテン語の subjectum に由来しており、中世には、「下に置かれたもの」、「根底にあるもの」、すなわち基体や実体、現在の客体や対象と同じような意味で使われていました。しかし、現在では主体や主語を意味することばとして使われています。この転換を実現したのがデカルトなのです。デカルトの精神と物体の二元論はよく知られていますが、二つの実体のうち、精神の属性としての思考する〈わたし〉は、〈わたし〉が二重化する自己意識において、実体のなかから立ち上がり、実体であった〈わたし〉自身を客体として対象化する主体（subject）に転換をとげたのです。デカルトは人類の精神史上はじめて〈わたし〉の二重化（自己意識）を確立した哲学者です。

二元論における、もう一つの実体である物体の属性は延長です。延長は量として数学的に測定することができます。このように、自然を質ではなく量として考えた先駆者はガリレオ（一五六四―一六四二）です。ガリレオは自ら高倍率の望遠鏡を製作して天体の観測を試み、コペルニクスの地動説の正しさを観測的事実によって証明したことでも有名ですが、物理学者として、落下運動などの重力の実験的研究をすすめて近代力学を確立したと言われます。重いという感覚的性質をもつ物体は、軽いという感覚的性質をもつ物体よりも速く落ちるというアリストテレスの考えを実験によって反駁するためにピサの斜塔から物体を落下させる実験を行ったというエピソードがあります。野田又夫の『ルネサンスの思想家たち』（岩波新書）によれば、ガリレオは、この宇宙という大きな書物は数学のことばで書かれている、と語っています。ガリレオの自然学は数学的自然学であり、自然の実在的性質は形や大きさや運動という幾何学的な性質のものであり、物体の感覚的性質は二次的、主観的なものに過ぎないと言うのです。デカルトの実体としての物体の属性は延長であるというのはガリレオの影響を受けたものです。地上で実験をしていたガリレオの重力の研究は、やがてそれを宇宙全体に適用し、天体の運動と地球上の運動を統一したニュートンの万有引力の法則（一六六五）として実を結びます。ニュートンの天体の運動と地球上の運動を統一して見ようとする目を確立した哲学者、それはデカルトであるということができるのです。

デカルトが確立した自己意識（二重化した意識）における主体としての〈わたし〉を、すでに紹介しましたエルンスト・マッハの「自己直観の〈わたし〉」という自画像（図5）を使ってもう一度説明してみましょう。この自画像で、マッハの〈わたし〉は、絵の上方のわずかに見える眉毛、湾曲した鼻筋、それに続く左の口髭などの手前、つまり、この画面の手前のところにいます。その〈わたし〉を直観しながら、それを直観しているマッハがこの自画像を描いているのです。つまり、マッハの自画像は、パースペクティヴの視点から世界を眺めている〈わたし〉を、〈わたし〉自身が直観することによって描いているのです。言い換えますと、世界を対象化して眺めるパースペクティヴの視点にいる〈わたし〉を、さらに〈わたし〉が眺めて描いたスケッチであるということができます。デューラーの銅版画においてパースペクティヴの視点のところにいる画家の〈わたし〉はまだ二重化してはいません（画家が眺めている〈わたし〉を描いたこの銅版画は、眺めている〈わたし〉を対象化しているということはできますが、その〈わたし〉そのものが二重化しているわけではないという意味です）。しかしマッハの自画像は、世界を対象化して眺めている〈わたし〉を、さらに〈わたし〉が直観的に眺めているのであり、〈わたし〉そのものが二重化しているのです。ルネサンスの時代に、固定した一点から世界を対象として見るという見かたが成立しましたが、世界を対象として眺めている〈わたし〉そのものを、さらに〈わたし〉が直観的に眺めるという、言い換えますと、〈わたし〉が〈わたし〉自身を直観的に意識するという意識の二重化、すなわち自己意識を哲学的に確立したデカルトは、パースペクティヴの視点にいる〈わたし〉を哲学的に基礎づけた哲学者であるということができるのです。

さらにつけ加えれば、デューラーの銅版画において対象化して見る画家の〈わたし〉の意識は「対象意識」ですが、マッハの自画像を使って説明したデカルトの意識のありかたは「自己意識（意識の二重化）」であり、「対象意識」を意識するという二重化した意識です。このようなしかたで、デカルトは「対象意識」を基礎づけているのです。デカルトが確立した対象的意識にもとづく思考のありかたを悟性とよびます。ここでデカルトの思考の定義について『哲学の原理』から引用してみましょう。

〈わたし〉は、思考という語で、意識しているわれわれのうちに生起する働き、しかもその意識がわれわれのなかにあるかぎりの働き、のすべてを意味する。したがって、理解すること、意志すること、想像することばかりではなく、感覚することもここでは思考することと同じである。

（『哲学の原理』第一部九節、井上庄七・水野和久訳『デカルト』世界の名著二二、中央公論社。訳文は一部変更）

デカルトの悟性は、意志、想像、感覚とともに働きます。デカルトは実体を精神と物体とに峻別しています。精神の属性としての思考は意志、想像、感覚と共働してもう一つの実体である物体の世界を延長する対象として展望するのです。

デカルトよりも百七十年ほど後のドイツの哲学者ヘーゲル（一七七〇―一八三一）はデカルトのことを近代哲学の創始者とよんでいます。デカルトは（近代）ヨーロッパ精神を確立したというのです。そのヨーロッパ精神についてヘーゲルはつぎのようにのべています。「ヨーロッパ精神は自己に向かいあって世界を定立し、自己を世界から解放する」と（『エンチクロペディ』Bd. 10, S. 62）。自己を世界から解放することは、自己に向かいあって世界を定立することによって可能になります。自己に向かいあって世界を定立するというのは世界を対象化するということです。自己に向かいあって世界を定立するという世界の対象化は、世界の中にいる自己が世界の外に出ることによって可能になります。

自己はどのようにして世界の外にでることができるのでしょうか。それは〈わたし〉の自己意識（意識の二重化）によって可能になるのです。自己意識は自意識とは明確に区別されます（日本では、自己意識は自意識と容易に混同されます。国語辞典を引いてみるとわかりますが、自己意識の説明に「自意識と同じである」と書かれています。自己意識と自意識との区別について詳しいことは拙著『日本人と西洋文化』をごらんください）。〈わたし〉の意識が二重化するという自己意識を確立して、意識や自意識から明確に区別したのがデカルトなのです。

〈わたし〉が世界の外に出ることは意識がもつ志向性によって可能になります。意識の志向性というのは意識は常に〈何かあるもの（こと）〉についての意識であるということです。意識において、意識される〈何かあるもの（こと）〉は常に対象として存在するのです。何も対象として意識されないような意識というのは、無意識ということであり、存在しないのです。〈わたし〉が世界について意識するとき、意識される世界は、〈わたし〉の対象となっています。世界は対象として、〈わたし〉に向かいあって存在するものとなっているのであり、〈わたし〉は意識される世界の外に出ているのです。

しかし、世界が対象として明確に意識される、言い換えますと、〈わたし〉が世界の外に明確に出ることができるためには、〈わたし〉の意識がたんなる自意識ではなく、〈わたし〉

が二重化して〈わたし〉自身から明確に分離している必要があるのです（ヘーゲルのことばを図解した**図13**を参照してください）。

デカルトは自らが確立した確固不動の「考える〈わたし〉」を『省察』のなかで「アルキメデスの点」になぞらえています。アルキメデスは梃子の原理を発見したギリシャの哲学者です。梃子の原理というのは、棒の途中の一点を支点（固定点）にして、棒の先端aを物体にあてて、もう一方の先端bを押して動かそうとするとき、支点から先端aまでの距離に比して先端bまでの距離が長いほど少ない力で動かすことができる、というものです。また、その力の大きさはaまでの距離と先端bまでの距離の比に反比例する。つまり、支点から先端bまでの距離が長くなるほど、反比例的に力は小さくてすむようになるのです。このような梃子の原理を発見したアルキメデスは、地球の外に「確固不動の一点」が与えられるならば、地球を動かして見せると言ったと伝えられています。自己意識の主体としてデカルトが確

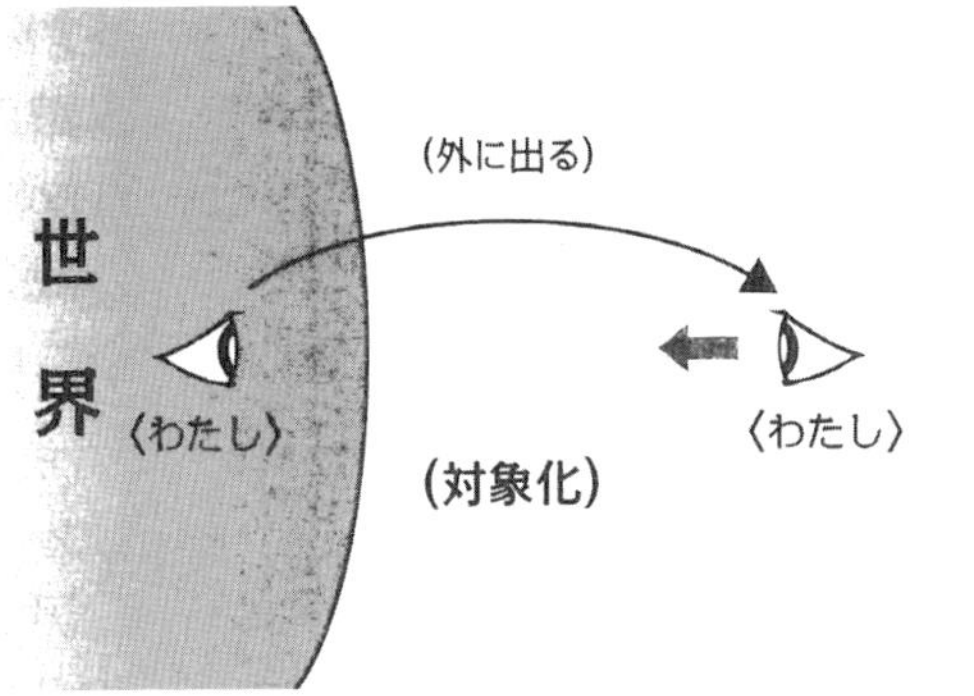

図13　ヘーゲルの図解（〈わたし〉の二重化＝世界の対象化）

立した確固不動の「考える〈わたし〉」はまさしく人間精神における「アルキメデスの点」でした。自然の外に出て、自然を外から対象化して分析する根拠となったこの地点は、科学的思考を成立させる拠点となりました。人間はこの地点に立つことによって自然を支配する主人となり、自然を所有することができる、とデカルトは言っています。

デカルトと同時代に成立したヴェルサイユ宮殿の庭園の話をしました。自然を制御し整序して人為を強調したヴェルサイユ宮殿の庭園はデカルトの思想を庭園という形で具体的に表現したものであると言うことができます。庭園の基軸となる中心点Sはデカルトの「考える〈わたし〉」が位置する地点です。

デカルトが確立した「アルキメデスの点」としての「考える〈わたし〉」の眼前には機械論的な自然が展開することになりました。悟性（対象的思考）としての科学的思考は、科学技術を飛躍的に発展させることになりました。こうして百二十年余り後には産業革命の時代を迎えることになります。また、その自己意識は十七世紀から十八世紀にかけて数多くの啓蒙思想家たちを輩出する契機となりました。彼らの啓蒙的な活動によって、一部の特権階級のもとに従属させられていた民衆が自分たちの不平等な隷属状態を自覚するようになり、百五十年後に起きたフランス革命の思想的な源泉となったのです。

さて、これからヘーゲルについてさらにくわしい話をはじめることにします。ヘーゲルについてすでにご存知の方は、これからのべることを読んで、これがヘーゲル?と思われるかもしれません。これが(知られざる)ヘーゲルなのです。これからのべること、よろしかったら、おつきあいください。

先ほどデカルト哲学における思考の定義についてのべました。これと対比するためにヘーゲルの思考の定義についてのべることから話をはじめることにします。ヘーゲルはつぎのようにのべています。

思考は外的な事物の実体をなすとともに、また精神的なものの普遍的な実体でもある。人間のあらゆる直観のうちには思考がある。思考はまた、あらゆる表象、想起のうちにある普遍的なもの、すべての意志や願望など、一般にあらゆる精神的活動のうちにある普遍的なもの、である。これらのものはすべて思考のさらなる特殊化にすぎない。[……] われわれが、あらゆる自然的なものおよび精神的なものの真の普遍者とみなす思考は、これらすべてのものを超えでて把握するのであり、また、いっさいのものの根底をなしている。(『エンチクロペディ』Bd. 8, S. 82)

デカルトの哲学は精神と物体の二元論です。精神の属性である思考は物体の属性である延長と対立し、両者は外的な関係にあります。思考（精神）は自然（物体）を対象として、その外から眺めています。ところが、ヘーゲルの思考は、外的な事物（自然）の実体をなしているというのです。思考は、精神的なものばかりではなく、自然的なものの普遍的な実体であり、その根底をなしています。思考は、デカルトのように自然と外的な関係にあるのではなく、自然に内在しているのです。引用文の最後に、思考はあらゆる自然的なものおよび精神的なものを超えでて把握するのであり、また、いっさいのものの根底をなしている、とあります。ここに言われているように、ヘーゲルの思考は、あらゆる自然的なものおよび精神的なものを超えでて把握するものです。これは、デカルトが確立した対象的思考としての悟性の契機です。しかし同時に、精神的なものばかりではなく、あらゆる自然的なものの根底をなしている（内在している）とも言われています（また先になってのべますように、このことがヘーゲルが言う、単なる悟性とは異なる、理性（的思考）が成立する根拠です）。ヘーゲルの思考は自然に内在し、その根底をなしているわけですが、デカルトと決定的に異なるこの見解はどこから来ているのでしょうか。このことを念頭に置きながら、違いを明らかにするために先に進むことにしましょう。

思考が自然に内在し、その根拠となるためには、単なる悟性的思考、つまり、自然の外にいて、自然を対象として見る思考であることをやめなければなりません。たんなる悟性（的思考）であり続ける限り、自然の内部に到達することは不可能です。『精神現象学』の中で、ヘーゲルは、そのことに関して、対象の外にいて外から対象を見渡している悟性が、その「見渡しを忘却する」と語っています。

形式的悟性は、事柄の内在的な内容のなかに入っていくことはなく、つねに全体を見渡すのであり、みずからが語る個々の現有の上方に立っている。つまり、この悟性はそれを全然見てはいないのである。しかし、学的認識に要求されるのは、むしろ、対象の生にみずからを委ねること、言い換えると、同じことであるが、対象の内的必然性を目の当たりにして、それを語りだすことである。みずからの対象にこのように没頭することによって、学的認識は、自己自身の内容から外に出ている知の反省にすぎないところの見渡しを忘却するのである。

（『精神現象学』Bd. 3, S. 52）

ヘーゲルは悟性が見渡しを忘却することによって、対象に没頭し、対象の内的必然性を目の当たりにすることができると言っています。『精神現象学』は一八〇七年に刊行されていますが、それより六年前の一八〇一年に刊行された『差異論文』（正式名は『フィヒテの哲学体系とシェリングの哲学体系の差異』）でヘーゲルは、悟性は「没落を見出す」と語っています。悟性が見渡しを忘却することと没落を見出すこととは同じ事態を指しています。対象的思考としての悟性が存続する限り、没落するなどということはありえませんし、見渡しを忘却することはありえません。忘却する、没落するという事態は、悟性がもはや存在しなくなるという事態を指し示しているのです。何があったのでしょうか。

悟性というのはデカルトが確立した対象的思考のことです。その悟性が存在しないということは、対象的思考の主体である「考える〈わたし〉」が存在しないということです。たとえば、〈わたし〉が死ねば、「考える〈わたし〉」はもはや存在しないでしょう。それとも、死んだ後には天国や極楽に行くのだと考える人には、天国や極楽で「考える〈わたし〉」は存在し続けるというのでしょうか。そのように信じる人には存在し続けるのかもしれません。しかし、死後も天国や極楽で「考える〈わたし〉」が存在すると考える人もこの世でそう信じているだけです。死後にどのようになるのか人間にはわからないのです。死後の世界を信じるような人の場合でも、死後の世界のことではなく、この世では、「考える〈わたし〉」はもはや存在しなくなります（それが死ということです）。この世では「考える〈わたし〉」は消滅するのです。

死後の話をしましたが、死んだ後ではなく、この世に生きている間に、非常に稀なことですが、肉体ではなく精神的な意味で、「考える〈わたし〉」が消滅するということがあります。

「考える〈わたし〉」の消滅は睡眠中に経験しているかもしれませんが、目を覚ましているときにも存在します。そのような経験をヘーゲルやハイデガーが語っているのです。二人はその経験を「無」とよんでいます。「考える〈わたし〉」の消滅（＝無）は精神的な意味で〈わたし〉の消滅、すなわち〈わたし〉の死ということです。無を経験した二人が同時に死について語るのはそのような事情によるのです。

ハイデガーから先にのべますと、彼は「根源的不安」の中で、「考える〈わたし〉」の消滅（無）を経験しています。彼は、その経験を『形而上学とは何か』（一九二九）のなかで明確に語っています（にもかかわらず、なかなか理解されないのですが）。彼はその経験を「無の根本経験」とよんでいます。この『形而上学とは何か』は「考える〈わたし〉」の消滅（無）を語ることが主題であると言ってもよいものです。彼は、「考える〈わたし〉」の消滅（無）によって「悟性に別れを告げる」と語っていますが、このことばはヘーゲルの「見渡しを忘却する」や悟性は「没落を見出す」ということばに相当します。詳しいことは拙著『無の比較思想――ノーヴァリス、ヘーゲル、ハイデガーから西田へ』（ミネルヴァ書房）や *Über das Nichts des Denkens*（『思考の無について』）（publiQation Academic Publishing）を参照してください。ここでは要点だけをのべることにします。ハイデガーの「無の根本経験」（「考える〈わたし〉」の消滅）において生じているのは、悟性的思考が消滅するとともに感覚の働きも消滅するということです。感覚の働きが消滅すれば、感覚的な光も消滅し精神は深い闇に閉ざされます。その闇をハイデガーは夜とよんでいます。そのままの状態にとどまれば、精神は闇に閉ざされたままで、無が経験として成立することはなかったでしょう。不思議なことですが、闇に閉ざされた精神の夜のなかに非感性的な光がさすのです。人間精神の根源において生起するこの出来事をハイデガーは「不安の無の明るい夜」とよんでいます。不安のただなかで思考が消滅（無）した精神の夜のなかに明るみが生起するというのです。

ヘーゲルの場合、「考える〈わたし〉」の消滅（無）は、十八世紀末に彼が苦しんでいた激しいヒポコンデリーの症状のなかで経験しています。ヘーゲルは同じヒポコンデリーの症状に苦しむ友人に宛てた手紙を書いていますが、その手紙から引用してみます（一八一〇年五月二十七日付の書簡）。

私は二、三年の間、すっかり衰弱してしまうまで、このようなヒポコンデリーに苦しみました。どのような人もおそらく、人生におけるこのような転換点、つまり自分の存在が収縮麻痺してしまう夜の地点を持っているのです。

ここで語られている「夜の地点」のことを、ヘーゲルは、「魂の内なる夜」とよんでいます（Bd. 4, S. 413）。ご存知でしょうか、西欧のキリスト教思想の底流には神秘主義思想が存在します。このキリスト教神秘主義思想に共通して、それを象徴する「魂の夜」ということばがあります。ヘーゲルの「魂の内なる夜」はキリスト教神秘主義思想に通底しているのです。

これまでのべてきました夜や無ということばは神秘的な事態を表現することばです。「神秘的な」（英語の mystic）ということばは、ギリシャ語の mystikos という形容詞に由来し、この形容詞は目や口を閉じるという意味の動詞 myein から派生してできたといわれます。目を閉じるというのは感覚を閉ざし知性の目を閉ざすこと、口を閉じるというのは語るのをやめることを意味するでしょう。思考や感覚を超え、言葉による表現を超えるような事態、それが神秘的ということです。ヘーゲル（やハイデガー）の無、夜は思考（「考える〈わたし〉」）が消滅し感覚の働きが消滅したところに現出しているのです。そのような仕方で思考や感覚を超えているのです。夜や無の概念は悟性的思考を超えているので、それを悟性的思考で把握しようとする試みは挫折せざるをえないのです（簡単な言いかたをすれば、生の経験をたんなる思考によって理解しようとしても無理であるということです）。

「考える〈わたし〉」が消滅し（無）、精神が闇に閉ざされた（「魂の内なる夜」）ときに生じているのは、この日常の現実世界が消滅しているという事態です。その事実をヘーゲルはどのように受けとめたのでしょうか。夜、無ということばは一八〇一年の『差異論文』から一八一二年の『論理の学』までの時期にかけて何度も登場することばです（それにもかかわらず、「夜」ということばは Suhrkamp の『ヘーゲル著作集』の Register（索引）や Paul Cobben 編集の *Hegel-Lexikon*（『ヘーゲル事典』）の見出し語には採用されていません。以前の他の事典にはあったのですが、削除されているのです。何故なのでしょうか）。夜、無ということばが登場する文章をほんの一部に過ぎませんが引用してみます。

『差異論文』からの引用は後ほどすることにしますが、一八〇二年の『信と知』のなかで、「無（夜）の深淵のなかに、一切の有が沈んでいる」、この無（夜）は「真理の誕生の地である秘められた深淵である」と語られています。「魂の内なる夜」（無）のなかで、すべての事物は消滅していますが、そのことをヘーゲルは、すべての事物が「無（夜）のなかに沈んでいる」ととらえているのです。真理はその深淵のなかから誕生するというのです。一八〇五年の『イエナ実在哲学』では、同様のことを、存在する事物は「この夜のなかに帰還している」、「夜」は「すべてのものを無化した状態でふくんでおり」、「すべてのものの絶対的な可能性である」、「夜」は「自然の内部」であり、「純粋な自己」（強調は原文）であると語られています。一八〇七年の『精神現象学』では、このような「夜」は精神にとって「自分自身についての純粋な確信である」と言われています。

『イエナ実在哲学』のなかに「自然の内部」ということばがあります。ヘーゲルが近代精神（悟性）について、「ヨーロッパ精神は自己に向かいあって世界を定立し、自己を世界から解放する」とのべていることはすでにのべました。このことばは、世界のなかにいる〈わたし〉が、二重意識（自己意識）の主体（「考える〈わたし〉」）となって世界の外に出て、世界を見渡すということを意味しています。この「考える〈わたし〉」（悟性的思考の主体）が消滅して見渡しを失うと、（考える働きが消滅した）〈わたし〉は世界の内部に帰還することになります。その内部にある事態は無（魂の内なる夜）という事態です。そこでは、すべての事物が「無（夜）のなかに沈んでおり」、「この夜のなかに帰還して」います。このような体験をしたヘーゲルは一八〇一年の『差異論文』でつぎのように語っています。

> 絶対者は夜である。そして、光は夜よりも若い。また、光と夜の区別、および光が夜のなかから現れることが、絶対的な差異である。無が最初のものであり、そこから、一切の有、有限なものの多様性のすべてが生まれでた。（『差異論文』Bd. 2, S. 24-25）

「絶対者は夜である」と言われています。「絶対者」と訳した原語の意味は「絶対的なもの」です。ヘーゲルにとって、夜は「絶対的なもの」です。思考も感覚も消滅している夜のなかでは、ものごとを相対化できる手掛かりは何も存在しません。その夜のなかに光が現れます。この光は、すでにのべましたように、認識の光です。この光が存在することによって、夜が夜として照明されて認識されるのです。ヘーゲルの理性は夜（無）のなかで誕生しました。デカルトは「自然の光」について語っていましたが、その例に倣えば、ヘーゲルの場合、夜のなかに現れる光は「理性の光」と言うことができるでしょう。同じ『差異論文』のなかで、ヘーゲルは理性の誕生について語っています（詳しいことは、拙著『無の比較思想』、一五六頁以下を参照してください）。要点だけをのべますと、ヘーゲルは、「理性は絶対者に到達し」、「絶対者と関係を持つ」と言っています。絶対者（夜）のなかから現れた理性（の光）は絶対者（夜）に面接しているのであり、絶対者（夜）とかかわりをもっているのです。しかし、引用文に語られているように、夜（絶対者）と光（理性）には区別が存在し、その区別（差異）は絶対的です。理性は「己の対象となる絶対者だけに自分を委ねる」ことによって、「自己自身へと高まり」、『論理学』の終点である「絶対知」に到達することになります。このように絶対者だけに自分を委ねて、自己自身へと高まろうとする活動をヘーゲルは「思弁」とよびました。

『差異論文』で言われている光は理性のことであるとのべました。この光（理性）が存在しなければ、精神は夜のままで終わり（それは狂気あるいは精神的に死ぬことで終わるということです)、夜が夜として存在することはなかったでしょう。この光と夜の差異は引用文に語られておるように、絶対的です(相対化することは不可能です)。「無が最初のものである」と書かれています。無がまず最初にあり、消滅したすべての事物は、「考える〈わたし〉」(と感覚の働き)が復活することによって(復活しなければ、精神は闇に閉ざされたままになるでしょう)再び復活します。ヘーゲルはその復活を、「そこから、一切の有、有限なものの多様性のすべてが生まれでた」と考えるのです。

しかし、その「考える〈わたし〉」の復活は、たんなる悟性的思考の主体としての〈わたし〉の復活ではありません。悟性的思考の主体としての〈わたし〉が消滅したとき、〈わたし〉は絶対者(絶対的なもの)に出会っているのです。先ほどのべましたように、理性はそこで絶対者(絶対的なもの)に出会うことによって誕生しています。思考は出会った絶対者のもとから復活します。絶対者(絶対的なもの)に出会って、そこから復活した思考のことを、ヘーゲルは理性と名づけているのです。

要点だけをのべますと、ヘーゲルは、「理性は絶対者に到達し」、「絶対者と関係を持つ」と言っています。そして、「理性は自己自身へと高まり、自己自身と、同時に己の対象となる絶対者だけに自分を委ねる」。そうすることによって、「理性は思弁へと高まる」。思弁というのは「一にして普遍的な理性の自己自身を目指す活動」に他ならない、とヘーゲルは語っています。

ヘーゲルの理性は無（夜）の体験のなかで誕生しました。「自然の内部」に到達し、そこで誕生した理性的思考のことを、ヘーゲルは、「いっさいのものの根底をなしている」思考であると五五頁の引用文の思考の定義で語っているのです。ヘーゲルの「考える〈わたし〉」（悟性的思考の主体）は消滅して無（夜）のなかに移行し、そこから復活したとき、悟性体思考を止揚した理性的思考に変容しているのです。

もう一度『差異論文』からの引用にもどってみます。「絶対者は夜である」からはじまるこの引用文は、旧約聖書の『創世記』の冒頭の部分をヘーゲルが論理的に記述したものである、ととらえることができます。ヘーゲルは自らの夜の体験を『創世記』のこの部分と重ねているのです。そうすると「絶対的なもの」を「絶対者」と訳すのは間違っていないことになります。ここにヘーゲルのキリスト教信仰の根源が明白に示されています。引用文の最後の「無が最初のものであり、そこから、一切の有、有限なものの多様性のすべてが生まれでた」というのは、〈無からの創造〉に相当する記述です。一八〇二年の『信と知』のなかで、ヘーゲルは「哲学の始まりは絶対的な無を認識することである」とのべています（強調は原文）。論理的なことばで語られた「絶対的な無」とはヘーゲルにとってキリスト教の神のことであり、その神（無）を認識することが哲学のはじまりであると言っているのです。

『論理学』がどのようにはじまるのかということは、有論の第一章「有」で語られていますが、この章は最も重要な叙述でありながら、刊行以来なかなか理解されることがありませんでした。叙述が難解だからです。しかし大変興味深いものです。その解釈の詳しいことは *Über das Nichts des Denkens*(『思考の無について』)に書きました。長くなりますので残念ですがここでは省略します。ここで言っておかねばならないのは、『論理学』のはじまりは「純粋有」であり、「純粋有」が「論理学全体の根拠をなし」、「接続する全過程の根底にあり続け、そこから消え去ることはない」ということです。「純粋有」というのは「純粋な(理性的)思考」のことです。絶対者(無)を目撃した後に復活した(理性的)思考にとって、絶対者(無)の有はいまだ「純粋」であり、それを認識している(理性的)思考も「純粋」です。「純粋」というのは単純で空虚であるということです。

さきほど『差異論文』についてのべましたように、ヘーゲルは、理性は「己の対象となる絶対者だけに自分を委ねる」ことによって、「自己自身へと高まる」と語っています。『差異論文』から別の個所の引用を続けてみますと、ヘーゲルはさらに「理性の活動は理性自身の純粋な(自己)表現」である。「理性のこのような自己産出のなかで、絶対者は客観的な全体性へと自己を展開するが、この全体性はそれ自身において全体が支えられ、完成しており、自己の外に根拠をもたず、その始まり、方法、終結が自己自身によって根拠づけられている」とのべています。このことを『論理学』（『エンチクロペディ』）のことばで言い換えますと、理性的思考は、「思考特有の諸規定と諸法が展開する全体としての思考である。（理性的）思考はこの全体性を自己自身に与えるのであって、それをすでに、自己自身のうちに見いだしているのではない」ということです。『論理学』はこのような空虚な単純性としての「純粋有」からはじまりますが、理性的思考が自己を展開する活動を終えたとき、その思考は、「完成した、内容に満ちた、真に根拠づけられた認識」に到達するとヘーゲルは言うのです。

その過程で生み出される諸規定や諸展開は必然的なものであり、絶対者（無）が創造する自然と有限な精神は、すべてそのような諸規定によって貫徹されている、とヘーゲルは考えるのです。『論理学』が叙述する諸規定は、有限な（人間の）精神ばかりではなく、自然も貫いているのです。『論理学』の内容は「自然と有限精神」が創造される前の「永遠な本質のなかにある神（絶対者）の叙述」なのである、とヘーゲルは語っています。

ヘーゲルの話をやっと終えることができました。できるだけわかりやすいことばで説明したつもりですが、難解な個所もあって、ここまでおつきあいくださいましたことに感謝いたします。わたしが言いたかったのは、デカルトの対象的思考の主体としての「考える〈わたし〉」は、キリスト教の超越神への信仰に支えられて対象の外に出て、自然を外から対象化する確固不動の拠点として確立した悟性的思考である、ということ。それに対して、ヘーゲルの思考は、そのような悟性的思考が消滅するという無の経験のなかで、思考が自然の内部にまで到達して、（デカルトの）悟性的思考の対象としてその外に存在していた自然を、無（絶対者）から創造されたものとしてその内部から基礎づける理性的思考であったということです。

ヘーゲルの理性的思考はそのようなしかたでデカルトの悟性的思考を相対化するものであったのです。ヘーゲルは、デカルトの懐疑をいまだ徹底して遂行されたものではないと考えています。『精神現象学』のなかでヘーゲルは「完遂される懐疑主義」ということばを使用していますが、このことばはそのことを指していると言うことができます。デカルトの懐疑は疑う余地がなく存在するという確固不動の「考える〈わたし〉」を確立しましたが、ヘーゲルの懐疑は、方法的懐疑によって到達したデカルトの「考える〈わたし〉」そのものの存在に懐疑を向けるものでした。その懐疑はデカルトの「考える〈わたし〉」が消滅するという経験を経て、「考える〈わたし〉」を拠点とする悟性的思考を止揚することができたのです。ヘーゲルが自らの懐疑を完遂（徹底して遂行）しているとみなすのは、このような意味においてです。

理性的思考が悟性的思考を相対化できるという身近な具体的な例を一つだけ挙げておきま

しょう。すでにお話したことですが、ヘーゲルを生み出した国ドイツのメルケル首相は福島第一原発事故を目撃して、脱原発政策に方針を変えました。それまで原発を維持する政策をとろうとしていたのですが、福島原発の衝撃的な過酷な事故を目撃して、考えを改めたのです。この転換は悟性的思考を相対化する理性的思考により反省することによって可能になります。それに比べて、日本はどうでしょうか。東電や行政の責任を意図的に曖昧にしたまま、反省することもできず（反省しないのではなく、できないのです）何事もなかったかのようになし崩し的に元の安全神話に回帰しています。無残です。思考がさまよい流されてしまうのです。

第三章　日本人の感性と近代的思考のありかたについて

この章ではまず、桂離宮の庭園と洛中洛外図という日本文化を代表する二つの事例をとりあげます。そのことによって日本文化の根底に存在する（見るという）感性のありかたを検討してみたいわけですが、その際に、考察の焦点となるのは視点のありかたの問題です。ヴェルサイユ宮殿の庭園と同じ十七世紀の半ばごろにつくられた桂離宮の庭園も回遊式庭園で、庭園の中を歩き回ることができるようになっています。庭園の中を歩くときに、歩いている人の視点（視点とは視線を発する起点のことで、歩いている〈わたし〉はその地点にいます）がどのようになっているか、言い換えますと、庭園に込められている視点のありかたを検討してみたいと思います。

桂離宮の庭園の平面図（図14）を見てみると、散策路は非対称の曲線によって構成されており、（ヴェルサイユ宮殿の庭園は主軸を中心にして対称的で、幾何学的な直線と円で構成されています。それと比べると）いかにも自然な感じがします。桂離宮の庭園では（ヴェルサイユ宮殿の庭園では人為を強調しているのに対して）自然こそが価値あるものなのです。人為は加えられていないのではありません。散策路、樹木の成形や配置、池の形や水路が描く線など、人為は、すべてが自然であるように加えられているのです。人為は自然に従属するのです。このような自然観にもとづいてつくられた庭園の中を歩いてみることにしましょう。（実際に歩いてみるのがいちばんいいのですが、ここでは想像のなかで歩いてみることにします。）

桂離宮の庭園の散策路は曲がりくねっており、路の両側は木立に覆われています（図15）。ですから通り過ぎた路は振り返ってみてもすぐに見えなくなりますし、これから歩いていく路も見えているのは目の前だけで先のほうはまだ見えません。散策路は原理的に立っている地点の周囲だけしか見えないように構成されています。ふいに視界が開けて池や御殿の建物が見えることもありますが、どの地点で見えるのか予想はつきません。平面図（図14）のA地点に、いま、仮に、立っているとしますと、B、Cの地点はまだ見えません。B地点にいたるとA地点は見えなくなり、C地点はまだ見えてはいません。そしてC地点にいたれば、

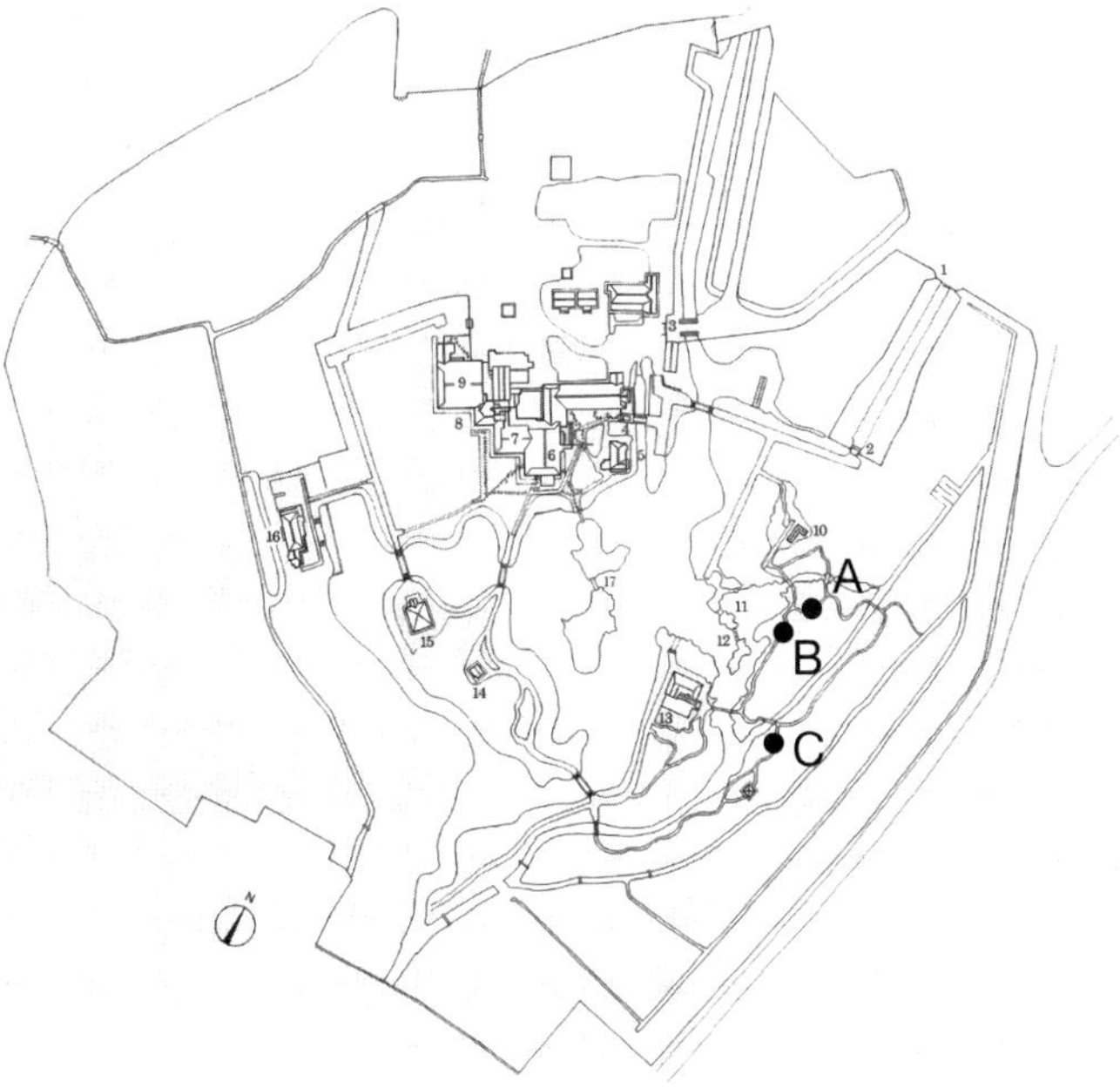

図 14　桂離宮の庭園の平面図

図 15　桂離宮の庭園の散策路

A、B地点はもはや見えなくなります。散策路を歩いていくときに、ある地点と別の地点との関係が断たれるように作られているのです。したがって、ある地点に立っているときの視点と、別の地点に立っているときの視点との関係は、遮断されています。そうすることによって、ある地点に立っているときの視点と別の地点に立っているときの視点は断片化されて非連続になります。このことは、ある地点と別の地点との関係が時間的・空間的に連絡がなく無関係になるということを意味します。

桂離宮の庭園は、このように時間・空間が遮断された地点をさまよい、視点相互の関係を排除するようにつくられているのです。ですから、このように断片化されて非連続な視点（〈わたし〉）の自己同一性（アイデンティティ）はヴェルサイユ宮殿の庭園の場合のように視点そのものによって成立することができず、桂離宮という庭園の同一性に依存することによって成立することになります。また、桂離宮の庭園には基軸となる中心点が存在せず、それぞれの視点は断片的で非連続なので、視点と視点の連続性が成立しません。連続性が存在しなければ、論理は成立しようがないのです。存在するのは、論理ではなく道理です。日本で論理が理屈（理に屈する）として軽蔑されがちなのは、視点が非連続で断片的であり、連続性が成立しないというこのような感性の構造に由来するのです。

桂離宮の庭園がなぜ視点を遮断し断片化するようにつくられているのかと言いますと、庭園のなかを歩くとき、自然の灌木や樹木に包まれてそのなかに浸り、溶け込むことができるようにするためです。視点〈わたし〉が周囲の自然の外に出てしまうと、自然のなかに溶け込むことができなくなります。自然のなかに包まれて、そのなかに溶け込むことによって日本人は心の落ち着きを感じることができるのです。

つぎに、洛中洛外図屏風をとりあげてみましょう。洛というのは京の都のことで、この屏風には京都の市中（洛中）と郊外（洛外）の建物や人びとの生活が俯瞰的に描かれています。室町時代末から江戸時代はじめにかけてさかんに描かれました。ここでは上杉本の屏風絵をとりあげますが、この屏風絵は織田信長が上杉謙信に贈るために狩野永徳に描かせたものであると言われています。

図16に見られるように、それぞれの光景は金雲によって囲まれており、金雲の切れ目の中に描かれています。そうすることによって他の光景から遮断されているのです。金雲は遮断

する働きをしているとともに、遮断されて断片化された光景をつなぐ働きもしています。屏風絵の全体は、京都のどこか南方の高みに立って、北の方角を俯瞰したような体裁をとっていますが、このように俯瞰する地点（視点）は現実には存在しません。また、この地点（視点）は固定されてはいないのです。金雲の切れ間に描かれている一つ一つの光景を見る（製作者の側から言えば、描く）視点はそれぞれの光景の南方正面の高みにあり、光景の数だけ存在するのです。さらに、光景の数だけ存在するそれぞれの視点はお互いに無関係です。このようにそれぞれ

図 16　洛中洛外図（右隻の六曲）

の光景は遮断され、断片化されているのであり、そのことは、画家や鑑賞者の視点が断片的で非連続であるということを意味しています。洛中洛外図は、つまり、互いに無関係で別々の非連続な視点にもとづく断片的な光景を金雲でつないだモザイク画なのです。

画家や鑑賞者の視点は、ある一つの光景を見る視点から別の光景を見る視点へ、非連続なしかたで動いていきます。さらには、ある一つの光景においても、視点は手前から画面に接近する方向へ、そしてまた、逆に、画面に近接した地点から手前の遠ざかる方向へ、自由に動くことができるのです。図17（図16の右から三つ目の区画、下から三分の一の箇所）は祇園祭を描いた部分の拡大図です。この部分の光景全体は南方正面の高みから俯瞰したように描かれていますが、山鉾を眺めている、たとえば、見物している女性たちの着物の紋様などはすぐ近くで見ているように子細に描かれています。この光景を眺めている視点は、離れた高みから俯瞰している視点です。しかし、また女性たちのすぐそばまで接近して、間近に彼女たちを眺めている視点でもあるというふうに、画家の視点（鑑賞者の視点）は遠くに離れた高みにある視点と間近に接近した視点との間を自由に動いているのです。

図17　拡大図（祇園祭）

桂離宮の庭園と洛中洛外図という二つの事例を取り上げて、それぞれの事例における視点のありかたを検討しました。この二つの事例は、一見すると直接の関連性はないように見えるかもしれませんが、そうではありません。桂離宮の庭園のなかのA地点は周りを樹木に囲まれた狭い範囲の視野のなかに閉じられていました。この周りを囲む樹木を金雲に置き換えると、洛中洛外図のなかの金雲に囲まれたある一つの光景と同じになります。二つの事例は通底しているのです。桂離宮の庭園のA地点にいる視点（〈わたし〉）はB地点にいる視点（〈わたし〉）とは関係が断たれており、また、B地点にいる視点（〈わたし〉）はC地点にいる視点（〈わたし〉）とも関係が断たれおり、C地点にいる視点（〈わたし〉）はA地点にいる視点（〈わたし〉）と関係が断たれています。このようにそれぞれの視点は互いに非連続で断片的なのです。同様に、洛中洛外図のなかの金雲に囲まれたある一つの光景のなかにいる視点（〈わたし〉）は他の光景のなかにいる視点（〈わたし〉）と関係が断たれており、非連続で断片的です。桂離宮の庭園のなかの視点は断片的で非連続であると、また、洛中洛外図における視点は自由に動くと言いましたが、視点が自由に動くのは、断片的で非連続であるからであり、断片的で非連続であるから視点は自由に動くことができるのです。二つの事例における視点のありかたを、一言で言えば、固定した視点が存在しないということです。視点は、時と場所に応じて、互いに無関係に断片的で非連続なしかたで自由に移行するのです。

二つの事例で示した視点のありかたはこれらの事例に限られたものではなく、日本文化のなかに広く見られる一般的な現象です。日本文化は見立ての文化であると言われるように、いたるところで見立ての手法がみられます。鉢植えの小さな盆栽に愛着を覚える日本人は多いでしょう。それは、盆栽の小さな木を大自然のなかの大木に見立てて、肉眼では小さな盆栽の木を見ながら、大木の木陰で安らかに憩う気持ちになれるからなのです。刺身の舟盛りで使われる舟形や海藻や貝殻なども、船の上で獲れたての新鮮な魚を食べている気分になれるように添えられているのです。桂離宮の庭園のなかにも見立ての手法が存在します。庭園の池は大海に見立てられています。また、砂利石が敷かれた池の岸辺は州浜に、池に突き出た松が植えてある土と石の構築物は天橋立に見立てられています（図18。図19は実景の天橋立）。このような見立てが成立するのは、肉眼で池の水や砂利石や石と土の構築物を見ながら、心の目は大海や州浜や天橋立を見ている（心の目が大海や州浜や天橋立のところまで飛翔している）からなのです。断片化された視点は固定されていませんので、自由に飛翔し移行することができるのです。見立ては『万葉集』の時代にはすでに成立していました。成立してから、すでに千三百年という時間が経過しているのです（詳しいことは省略します。興味がある方は拙著『日本人と西洋文化』を参照してください）。

視点が自由に動き、固定されないというのは桂離宮の庭園や洛中洛外図に限られたことではなく、日本の伝統絵画全体に共通する特徴です。日本の伝統絵画では影を描くことは決してありません。なぜでしょうか。影を描けば、射している光線の方向との兼ね合いで、それ

図 18　庭園の天橋立

図 19　実景の天橋立

を描いている（鑑賞している）人間の視点が確定してしまうからです。影を描くことは絵の中に固定した視点を描き込むことになります。影を描かないというのは固定した視点を描き込むことを拒否するということを意味します。北斎（一七六〇―一八四九）や広重（一七九七―一八五八）の版画に影を描いたものがあるではないかという人がおられるかもしれません。たしかにそのとおりですが、西欧の技法に興味を抱いた実験的な試みだったのでしょう。

彼らはすぐにやめてしまいました。

日本の伝統的な絵画ではなぜ固定した視点を拒否しようとするのでしょうか。そのことは、例えば、山水画を見るとよくわかります。山水画を鑑賞するというのは、描かれた光景をたんに外から眺めるだけではなく、光景のなかに入っていき、そこで遊ぶことを意味します。描かれている人物に寄り添い、周りの光景を一緒に眺め、描かれている情景のところに居合わせてその風情を味わうのです。描く視点を固定してしまうと、自由に動くことができなくなるばかりではなく、視点が絵の外に出てしまい、絵の世界のなかに入っていくことができなくなるのです。日本人の伝統的な心性は、絵のなかに入っていき、そこで動き回ることができるように視点の自由を要求するのです。

ヴェルサイユ宮殿の庭園と桂離宮の庭園という二つの庭園について話をしました。偶然ですが、この二つの庭園は同じ時代に誕生しています。この二つの庭園について、ヴェルサイユ宮殿の庭園も壮麗ですばらしいけれども、桂離宮の庭園のほうが心が落ち着くというのが大方の日本人の感じかたでしょうか。二つの庭園はどちらか一方が他方よりも優れているというのではありません。庭園をつくった人間の感性の違いが庭園という具体的な形に表れているのです。たとえば、庭園の規模について言いますと、自然を制御し整序するという発想で作られたヴェルサイユ宮殿の庭園は一辺が数キロという広大な規模をもっています。自然を制御し整序することによって人為を強調して表現するためにはそれだけの規模が必要だったのです。それに対して桂離宮の庭園は直径がわずか二五〇メートルほどの円のなかに収まるほどの大きさしかありません。自然に囲まれて、そのなかに溶け込もうとするためには、これだけの大きさで十分なのです。しかし、桂離宮の庭園には見立てという手法が用いられています。庭園の池を大海に、池のなかに突き出た松が植わった土と石の構築物を天橋立に見立てるとき、心の目で見る目は何十キロ、何百キロの遠くにまで飛翔するのです。一見したところ小さく見える桂離宮の庭園には、ヴェルサイユ宮殿の庭園とは比較にならないほどの壮大な規模の表現が込められているのです。感性のありかたが違うのです。周囲の狭い範囲の自然に親しみながら、はるか遠くにまで移行する日本人の感性もまた、わずか数キロしかない現実の庭園のなかに閉じ込められている西欧人の感性とは異なって、すばらしいものです。

話を本題にもどします。デカルトが確立した近代的思考の主体「考える〈わたし〉」は確固不動の立脚点として存在し、その地点から対象を見渡し分析するものでした。そのような思考を日本人は西欧の感性的な土壌から切り離して、異なった日本の感性的な土壌のなかに輸入して受け入れたのです。輸入して身につけた近代的思考は日本でどのようなありかたをしているでしょうか。言い換えますと、デカルトの「考える〈わたし〉」はヴェルサイユ宮殿の庭園で言えば基軸となる中心点S（図1）に相当するという話をしましたが、桂離宮の庭園で示しましたように、基軸となる中心点をもたず、視点が自由自在に移行する感性的土壌のなかで近代的思考の主体である「考える〈わたし〉」はどのようなありかたをしているでしょうか。いくつか事例を取りあげて考えてみることにしましょう。

加藤周一は、先のアジア・太平洋戦争（第二次世界大戦）のあいだに日本の知識人の圧倒的多数に科学的精神の欠如が見られたと指摘しています。「科学的な、あるいは論理的な思考さえもが、日本の知識人にとっては、時と場合に応じて放棄しうるものである」というのです（『日本人とは何か』講談社学術文庫）。西欧から輸入して身につけた「科学的な、あるいは論理的な思考」は、国の存亡がかかる戦争という危機的な状況に直面したときに、容易に放棄され、精神主義という日本的な感性にとって代わられたというのです。太平洋戦争が勃発した真珠湾攻撃の翌年に「近代の超克」という座談会が行われました。この座談会には、当時一流の知性をもつとみなされていた若い知識人たちが参加しています。第二次世界大戦という近代戦のなかで主張されたのが精神主義です。物量において圧倒的に劣る日本が頼りにしたのが（日本は神風が吹いて勝つだろうと信じるような）精神主義だったのです。座談会のなかで批評家の河上徹太郎は「精神にとって機械（文明）は眼中にない」と言い、同じ批評家の小林秀雄も「賛成だ。魂は機械が嫌いだから」と応じています。「科学的、あるいは論理的」に考えれば、物量において圧倒的に勝るアメリカにはとてもかなわない、そのように考える思考は放棄して、国家のすべてをかけて戦う総力戦のなかで、神風が吹くことを期待するような精神主義を頼りにしようとしたのです。国の存亡がかかる危機的な状況のなかで、近代的思考の主体である「考える〈わたし〉」はどこかに吹き飛んで、日本人の感性がむき出しになっています。加藤の指摘は、日本人の「科学的な、あるいは論理的な思考」は日本人の感性に根差していないので、危機的な状況に直面したときには衣服のようにかなぐり捨てることができると語っているのです。

このような日本人の「科学的な、あるいは論理的な思考」と感性的なありかたとの乖離について鋭い指摘をしているのはドイツ人の哲学者カール・レーヴィット（一八九七―一九七三）です。ユダヤ人だったレーヴィットはナチスの迫害を逃れてドイツを脱出して来日し、一九三六年からほぼ五年間、仙台の東北帝国大学で教鞭をとりました。そのレーヴィットは日本人の精神構造を階段のない二階家にたとえています。一階は日本の伝統的な感性の領域、二階には摂取した西洋的なものが何でもそろっている。ところが、その一階と二階をつなぐ階段がない、というのです（「日本の読者に与える跋」『ヨーロッパのニヒリズム』所収、柴田治三郎訳、筑摩書房）。この階段がないという精神構造は、西洋文化を摂取するにあたって明治以降の日本がとった「和魂洋才」という対応のしかたによって生じたものです。

西洋の進んだ優れた知識や技術（洋才）を学び取ろうとするとき、その根底に存在し、それらを成立させている異質な精神に応対することなく、日本の伝統的な感性（和魂）を堅持しようとした姿勢、それが「和魂洋才」でした。明治の日本人が西洋の知識や技術（洋才）を学びとろうとしたとき、西洋人になりきるわけにはいかないと考えて日本の伝統的な感性（和魂）を堅持しようとしたことは理解できるでしょう。しかし、その際に、堅持しようとした日本の伝統的な感性（和魂）がどのようなものであり、それに対して異質な西洋の感性がどのようなものであるのかということを確かめておくべきでした。摂取することに忙しくて、その余裕がなかったのかもしれません。しかし、現在でも確かめようとする試みはされてはいませんし、確かめる必要も感じないようです。自分たちの知性や感性は西洋人と違わないと思っているかのようです（ちなみに、現在の日本に、顔は日本人なのに目だけが西洋人のように丸い大きな目をした人物像があふれています（図20）。この人物像は自分たちの足もとを見失って西洋にイカレタ（自分たちの感性を見失い、だから、西洋の感性も見えない、言い換えますと、何も見えない）現在の日本人の自画像ではないかとわたしは考えています。拙著『日本人と西洋文化』（未知谷）の序章を参照）。

　このように明治以降の日本人の心の内部に存在する摂取した西欧的思考（「科学的な、あるいは論理的な思考」）と伝統的な感性の乖離は、個人の内部ではつぎのような現象を生み出します。西洋的なものにひたすら傾倒して日本の文化を批判する人がいます。あるいは、日本の伝統的な文化に寄り添って西洋文化を批判する人がいます。若いころは西洋文化にひたすら傾倒して、年をとってから日本文化に回帰するというのも日本の知識人によく見られる現象です。若いころの西洋文化への傾倒のしかたが激しかった人ほど、その反動でしょうか、日本の伝統文化への回帰のしかたが情熱的だったりします。

心のなかの二つの異質な文化の乖離は、個人の次元に限られたことではなく、時代全体の揺れとしても見出すことができます。

図20　秋田美人の少女

そのことを指摘したのは宮川透です（『日本精神史への序論』紀伊国屋新書）。以下、宮川の指摘をもとに、私見を交えながらのべてみることにします。日本の近代は西洋にひたすら傾倒する明治の初期の時代からはじまりました。「散切り頭を叩いてみれば文明開化の音がする」という流行歌（都々逸）をご存知の方も多いでしょう。一八七一（明治四）年に断髪令が公布され、江戸時代に頭にのせていたちょんまげを切って西洋人のような散切り頭にしようとしたのです。その頭を叩いてみると、文明開化の音がするというのです。開化というのは、旧来の日本の遅れた文化を捨てて、進んだ西洋の文化をとり入れることを意味します。無邪気で明るく浮かれるような調子のこの歌には明治のはじめという時代の雰囲気がよく表れています。

アジア・太平洋戦争（第二次世界大戦）の敗戦後、それまでの暗い時代から解放されて、日本人は西洋（占領国のアメリカ）の文化にひたすら傾倒しました。それ以前には、西洋文化に傾倒した大正デモクラシー時代があります。（明治時代以降の）西洋へ開放的に傾斜した時代は、明治初期の時代、大正デモクラシーの時代、アジア・太平洋戦争（第二次世界大戦）の敗戦後の時代の三回ありました。内向的な日本への回帰の時代は、明治初期と大正デモクラシーの時代のあいだ、大正デモクラシーの時代と太平洋戦争（第二次世界大戦）の敗戦のあいだにやってきました。そして現在、時代の深いところでひそかに内向的な日本へ回帰する動きが進行しているように思われるのです。

加藤周一の話は、日本人は、戦争で国家存亡の危機に直面したとき、西欧から輸入して身につけた「科学的な、あるいは論理的な思考」を、着ている衣服のように、かなぐり捨てたという話でした。では、危機的な状況ではなく普段の生活のなかではどうでしょうか。そのことについて山本七平が興味深いことを語っています。あらゆる議論や主張を超えてわれわれ日本人を支配しているのは「空気」であるというのです（『「空気」の研究』文春文庫）。「統計も資料も分析も、またそれに類する科学的手段や論理的論証も、一切は無駄であって、そういうものをいかに精緻に組みたてておいても、いざというときには、それらが一切消しとんで、すべてが『空気』に決定されることになる」、「われわれは常に、論理的判断の基準と、空気的判断の基準という、一種の二重基準《ダブルスタンダード》のもとに生きているわけである。そしてわれわれが通常口にするのは論理的判断の基準だが、本当の決断の基本となっているのは、『空気が許さない』という空気的判断の基準である」と山本は語っているのです。たとえば、海軍はアジア・太平洋戦争末期に無謀以外の何ものでもない戦艦「大和」の特攻出撃を実行しました（敗戦後に「大和」が無傷で残っていては海軍の面子が保てないという理由だったそうです。そのために何千人もの将兵が死にました）。戦後、世論や歴史家がそのような無謀な決定をしたことを難詰しましたが、その批判に対して、「あの時の空気では、ああせざるをえなかった」という答えがかえってきた、と山本は書いています。現在でも、「空気を読む」「空気が読めない人（KY）」という言いまわしがごく普通に用いられているのはご存知ですね。

丸山真男は、ある時期の観念や思想と、別の時期の観念や思想は互いに断片的で非連続である、と語っています。「あらゆる時代の観念や思想に否応なく相互連関を与え、すべての思想的立場がそれとの関係で——否定を通じてでも——自己を歴史的に位置づけるような中核あるいは座標軸に当たる思想的伝統はわが国には形成されなかった」というのです（『日本の思想』岩波新書、強調は原文）。引用文で丸山が語っているのは、あらゆる時代の観念や思想に相互に連関性を与える基準となるような座標軸（中核）が存在しないということです。

　観念や思想を位置づける座標軸（中核）がわが国にはないという丸山のことばは、桂離宮の庭園と洛中洛外図についてお話ししました、基軸となる中心点が存在せず視点が自由自在に動くという事実に対応しています。個人の内部に存在する、視点が自由自在に動く思考は、当然時代全体の形成にも寄与するわけであり、時代全体においても思考は視点が自由自在に動き、基軸となる中心点が存在しない観念や思想を形成することになります。

　加藤周一の「科学的な、あるいは論理的な思考」がかなぐり捨てられるという話や、山本七平の論理的判断が空気的判断によって追い出されるという話は、基軸となる中心点が存在せず自由自在に動く感性（視点）に思考が根差すことなく乖離した状態で乗っているということを物語っています。思考は自由自在に動く視点につきしたがって漂流し、自らを支えているはずの感性（視点）によって、かなぐり捨てられたり、追い出されたりするのです。加藤周一や山本七平の事例は思考がかなぐり捨てられたり、追い出されたりする事例ですが、感性（視点が）自由自在に動くのにつきしたがって、思考が流される（漂流する）事例を挙げてみます。

半藤一利はある対談のなかで次のような「日本人のなかにある心的傾向」について語っています（半藤一利と船橋洋一による対談「原発事故と太平洋戦争――日本型リーダーはなぜ敗れるのか」『文藝春秋』二〇一三年六月号所収）。「戦争中、陸軍参謀本部も海軍軍令部も、作戦計画において、いま起きたら困ることは、起きないのではないかというふうに思い、やがて、起きないに決まってる、いや絶対に起きない、という思考回路になっていました」、「つまり『最悪のシナリオ』はハナから消してしまいたがる。そして絶対に起きないことを信念にしてしまう」と。思考は、つまり、現実の問題を直視することができないのです。何故かと言いますと、自由自在に動く視点（感性）が現実の問題から離れてしまって現実の問題は心理的問題に矮小化されてしまうのです。精神分析に「防衛」という概念がありますす。人間は何か大きな危険に直面したとき自己を防衛して心の安定を保つために、危険を過小評価して「たいしたことはない」とみなそうとします。そのような機制が人間には備わっているのです。日本文化は見立ての文化であるという話をしました。半藤の話は、このような防衛機制に触発された見立てである、つまり、見立てのなかに逃げこむことであるということができるでしょう。思考は、「いま起きたら困ること」を（それを直視せずに）回避して、「起きないのではないか」と期待し、その期待は「起きないに決まってる」という希望的な安心感に変わり、やがて「絶対に起きない」という確信的な見立て（思い込み）に移行してしまうのです。このように現実を直視できずに、たんなる見立て（思いこみ）にもとづく無謀な作戦によって、また先でのべますように、何十万人もの将兵が戦場に送られました。制空権や制海権を失った海上で輸送船が撃沈されて多くの将兵が死にました。幸運にも無事に目的地に着いても、将兵たちの多くは、戦闘によって戦死したのではなく、戦闘のための武器や弾薬もなく食料の補給もなしに飢餓に苦しみながら死んでいきました。このような無残な死をとげた多くの将兵が、名誉の戦士という美名のもとに靖国神社に祀られているのです。そして、そのような死に追いやった責任の所在を日本人は明らかにしようとはしないのです。戦後八十年近くが経ちましたが、そのようにして死んでいった人たちの大部分の遺骨は東南アジアのジャングルや中部太平洋の島々や旧満州の凍土に放置されたままです。あとは野となれ山となれというわけです。これが日本人の思考のありかたなのです。そうしておきながら、靖国神社に参拝して無残に死んだ英霊たちに感謝の祈りを捧げているふりをしてすませているのです。

福島第一原発事故までまかり通っていた安全神話も同じ構造をしています。半藤との対談のなかで船場洋一は「原発事故は起こってはならないから起きないことにする、起きたときのことを考えるなどもってのほか、口にするのもはばかられる」とみなされていた、とのべています。これは半藤一利の発言をうけて「安全神話」について語っているものです。船橋は「安全神話」が「言霊信仰」にまで高じていたとのべています。「不吉なことを言うんじゃない。そんなことを口にするとほんとうに起こるぞ」と叱られた自衛隊関係者もいたといいます。船橋のことばは、思考は疾《と》うに消え失せて、見立てられた安全神話が神格化されてしまい、いっさいの異論を許さない空気が存在したことを物語っています。

輸入して身につけた思考と伝統的な感性が乖離したままだと、思考のほうに集中して磨きがかかればかかるほど、放置されたままの伝統的感性から離れていくということが生じることになります。明治時代にすでにラフカディオ・ハーン（小泉八雲）は、西欧では学問をすればするほど感性はより柔軟になっていくのに、日本の学生は感性が硬直していく、と嘆いています。輸入した思考が日本の伝統的な感性とは異質なまま放置されて両者が連携していないので、思考（知性）に精神が集中すればするほど日本の伝統的な感性から離反することになり、感性が委縮し硬直化していくということになるのです。この傾向がさらに進行すれば、ついには日本の伝統的な感性を見失うという深刻な事態が生じます。自分の感性を見失えば、自分とは異質な西洋文化（の異質性）も見えなくなるでしょう。何も見えなくなった精神は、根無し草になったも同然で、思いなしに過ぎない日本の伝統文化や西洋文化を模索して、ひたすらさまようということになりかねません。顔は日本人でありながら西洋人のような丸い大きな何も見ていないような目をした人物像が氾濫していますが、この顔は自分の足もとを見失って西洋にイカレタ日本人の自画像ではないかと申しました。その顔を当然のものと受けとめて問題視する人がほとんどいないというのは深刻な事態ではないかとわたしは考えています。

レーヴィットが日本人の精神構造を階段がない二階家にたとえているという話をしました。その話をもう少し詳しくくりかえすことにします。レーヴィットは「ヨーロッパ的文明は必要に応じて着たり脱いだりすることのできる着物ではない」、それは「歴史的・精神的地盤を有してそこから内面的に生じた」ものであると語っています。また、日本人は「結合しがたく見える事物」を「すこぶるのんきに」「結合させる」、「(鴎外が言っているように)日本的なもののうち最上のものを保存し、ヨーロッパの最上のものを採り、こうして『日本の完全』に『ヨーロッパの完全』をつぎ足そうとする」とも語っています。さらに、レーヴィットは、つぎのようにのべています。

(日本人は)精神的なものをよく改良したがる。まずヨーロッパの思考方法を受けとり、次に批判的に局限し、最後に事柄を何とかして「いささか深く」かつ「より複雑に」理解するという結構な結果に達する、といった風である。これが心理学の理論でも歴史や哲学の問題でも、何でもそうである。ヨーロッパからすでに何もかも学んでしまって、今度はそれを改善し、もうそれを凌駕していると思っている。少なくとも、日本人がドイツ語で書いて私のところへ添削を頼んでくる論文の最後は、きまってそんな文句になっている。

（『ヨーロッパのニヒリズム』、引用符は原文）

引用しながら、わたしは昔ドイツ滞在中にトリアーで経験した出来事を思い出しています。そこで開催されていたドイツ現象学会で、ある日本人の教授が芭蕉に関する講演をしていました。講演の最後に教授は、ドイツの哲学もすばらしいが、芭蕉の思想はドイツの哲学を超えたところがあると言ったのです。たまたま隣に座っていたジャンパー姿の気さくな感じのドイツ人が、にこやかに笑顔を浮かべながら、日本人はこういう言い方がすきですねえ、と話かけてきました。とっさのことで何と答えたか覚えていませんが、後でその人は高名な哲学者のガーダマーであると知りました。

レーヴィットが日本人の精神構造を階段のない二階家にたとえたのは、実は、日本の哲学に関してです。レーヴィットのことばにより忠実に紹介しなおしますと、日本人の哲学者の精神構造は、「二階建ての家に住んでいるようなもの」である、「階下では日本的に考えたり感じたりするし、二階にはプラトンからハイデガーに至るまでのヨーロッパの学問が紐に通したように並べてある、そして、ヨーロッパ人の教師は、これで二階と階下を行き来する梯子はどこにあるのだろうかと、疑問に思う」というのです。

これはレーヴィットが日本で接した学生や哲学者たちについての率直な感想でしょう。さらに彼はつぎのように言っています。

（日本人の）学生は懸命にヨーロッパの書籍を研究し、じじつまた、その知性の力で理解している。しかし、かれらはその研究から自分たち自身の日本的な自我を肥やすべき何らの結果をも引き出さない。かれらはヨーロッパ的な概念――たとえば「意志」とか「自由」とか「精神」とか――を、自分たち自身の生活・思惟・言語にあってそれらと対応し、ないしはそれらと食い違うものと、区別もしないし比較もしない。ヨーロッパの哲学者のテキストにはいって行くのに、その哲学者の概念を本来の異国的な相のままにして、自分たち自身の概念とつき合わせて見るまでもなく、自明ででもあるような風にとりかかる。だから、その異物を自分のものに変えようとする衝動もぜんぜん起こらない。

（同書）

明治以来日本人は西洋の文化を摂取することにひたすら傾倒してきましたので、西洋の新しいものごとを紹介する翻訳が重要視されました。日本文化は翻訳文化であるという側面を強くもっています。西洋哲学もその一翼を担ってきたのです。レーヴィットが指摘している日本人のこのような西洋哲学研究の姿勢は現在でも少しも変わらないのではないでしょうか。日本人の研究の精緻さがレーヴィットの時代よりもさらに高度化して、本国の学会や国際的な会議などで活躍する研究者が増えたように思われます。そのことはもちろん歓迎すべきことですが、哲学を専攻する学生や哲学研究者たちは、プラトンをやっている、デカルトをやっている、ヘーゲルをやっている、ハイデガーをやっている、という言いかたを相変わらず当たり前のようにします。「〜をやっている」というのは、「〜の紹介を担当している」というくらいの意味なのでしょう。

このような「〜をやっている」と言って平気でいる人は、自らの足もとを確かめ、反省する必要を感じていないのでしょう、足もとを反省することを知らないのです。足もとが心もとないと気になる人は、本業とは別に俳句にいそしんだり、あるいは落語に情熱を傾けたりして、感性に満足を与えながら、それとは乖離した西洋の哲学の、異国の相におけるがままである（と思いなした）研究に励むということにもなります。ところが、たとえば、デカルトの懐疑は、自らがよって立つ足もとに対する懐疑（反省）なのです。彼は、その懐疑（反省）によって自らの思考を基礎づけているのです。その基礎づけがすなわち悟性的思考を確立したデカルトの哲学なのですが、自らの思考について反省することを知らない人にはそのことが見えないようです。

レーヴィットも言っていますが、日本の西洋哲学の摂取がはじまった時期は、ヨーロッパが自分たちの近代的世界観の行き詰まりを感じはじめた時期でした。見ることに基礎を置く絵画芸術にその兆候がはっきり表れています。十九世紀後半の印象派から後期印象派にかけての絵画は、ルネサンスの時代に確立された固定した視点から世界を見るパースペクティヴの崩壊が予感され、それを乗り越えようとするものでした。ここからやがてピカソやマティスなどの新しい視点にもとづく絵画が誕生します。デカルトに即して言えば、確固不動の「考える〈わたし〉」に基礎を置く悟性的思考に人びとが疑いの念を抱きはじめた時代であるということです。そのような時代に日本はデカルトの悟性的思考を受け入れたのです。受け入れたその悟性的思考を使用して、近代的世界観の行き詰まりのなかで発せられるヨーロッパのデカルト批判を、異国の相にしたがいながら、声高に日本で唱えるデカルト研究の専門家がいます。まるで、西欧の物語を独特の声色の日本語で演じる宝塚歌劇団の演技を見ているような気がします。

デカルト哲学（『方法序説』、『省察』）が悟性的反省にもとづいて自己自身の思考（悟性）の基礎づけを行っているように、ヘーゲルの『論理学』は、自然に外在し、自然を支配しようとしたデカルトの悟性を止揚し、自然の内部にまで徹底した理性的反省にもとづく自らの思考（理性）の基礎づけを行った哲学です。このようにして、自らの根拠を確実に基礎づけることによって、悟性的思考や理性的思考は、それぞれのしかたで、ひるむことなく、自信をもって堅牢な既成の現実に立ち向かい、それを変革しようとする力をもつことができるのです。

日本人の思考がそのような力をもちえないのは、体得した近代的思考を自らの感性に基礎づけることができず、思考が確固とした根拠をもつことができないからではないでしょうか。デカルトやヘーゲルがまず行っているのは自らの思考を基礎づけることでしたが、日本人の自らの思考の基礎づけはどのようになっているでしょうか。「〜をやっている」という哲学研究者にその基礎づけを期待することはできないのは明らかです。驚くべきことですが、日本の哲学の歴史は明治以降百五十年におよぶのですが、その歴史において、自分たちが用いている思考（輸入して身につけた近代的思考）の反省的基礎づけ（日本の伝統的感性への根拠づけ）がなされたことがあるようには思えないのです（ものごとをあまり知らないわたしの管見であれば幸いですが）。日本が生んだ最も独創的な哲学者である西田幾多郎がいるではないかという人がいるでしょう。西田の場合、どうだったのでしょうか。これから検討してみることにしましょう。

第四章　西田幾多郎の思考について

まず『善の研究』の第二編「実在」の第一章「考究の出立点」の文章を引用します。

今もし真の実在を理解し、天地人生の真面目《しんめんもく》を知ろうと思うたならば、疑いうるだけ疑って、凡ての人工的仮定を去り、疑うにももはや疑いようのない、直接の知識を本として出立せねばならぬ。

引用文を読むと、西田もまたデカルトと同じように懐疑を徹底して確実な知識を求めようとしていることがわかります。西田の引用を続けます。

さらば疑うにも疑いようのない直接の知識とは何であるか。そはただ我々の直覚的経験の事実即ち意識現象についての知識あるのみである。現前の意識現象とこれを意識するということとは直に同一であって、その間に主観と客観とを分かつこともできない。事実と認識の間に一毫の間隙がない。真に疑うにも疑いようがないのである。

二つの引用文に言われている「直接の知識」というのは『善の研究』の根本概念である「純粋経験」のことです。西田は、「疑いうるだけ疑う」ことによって、「純粋経験」という「疑うにも疑いようのない直接の知識」に到達した、と語っているように見えます。デカルトは、どのようなしかたで「疑いうるだけ疑った」のか、その疑いを通してどのような「疑うにも疑いようのない直接の知識」（「考える〈わたし〉」の存在の確実性）に到達したのかを語っていますが、西田は、疑いの過程を語ることなく、「疑うにも疑いようのない直接の知識」（純粋経験）をいきなり提出しているのです。それにもかかわらず、西田は「デカルトの『余は考う故に余在り』は推理ではなく、実在と思惟との合一せる直覚的確実をいい現わしたものとすれば、余の出立点と同一になる」とのべています。ここで西田は、「実在と思考の合一せる直覚的確実」（西田は思惟ということばを使いますが、すべて思考ということばに言い換えさせていただきます）という点において自分とデカルトは出立点が同じであると言っているのです。

しかし、その実在と思考が合一した直覚的確実（直観的に確実）であるという事実の内容は、デカルトでは「考える〈わたし〉」の存在が確実であるということであるのに対して、西田では確実なのは「疑うにも疑いようのない直接の知識」（純粋経験）の存在なのです。もう一度先ほどの引用文にもどってみましょう。「今もし真の実在を理解し」ではじまる引用文において、西田の「疑いうるだけ疑う」という懐疑は、「すべての人工的仮定を去る」というしかたで遂行されるものです。そのようなしかたで懐疑を遂行することによって「疑うにももはや疑いようのない、直接の知識（純粋経験）」に達することができるというのです。この引用文にはつぎのような文章が続いています。

我々の常識では意識を離れて外界に物が存在し、意識の背後には心なる物があって色々の働きをなすように考えている。またこの考えが凡ての人の行為の基礎ともなっている。しかし物心の独立的存在などということは我々の思惟の要求によりて仮定したまでで、いくらも疑えば疑いうる余地があるのである。その外科学というような者も、何か仮定的知識の上に築き上げられた者で、実在の最深なる説明を目的とした者ではない。またこれを目的としている哲学の中にも充分に批判的でなく、在来の仮定を基礎として深く疑わない者が多い。

確実な知識を求めようとする西田の懐疑は、このようなしかたで「すべての人工的仮定」を排除しようとするのです。そのようにして到達されるという西田の「直接的な知識（純粋経験）」は、人工的仮定、すなわち「思惟（思考）」によって築きあげられたものをすべて排除することによって到達されると言うのです。こうして、「思惟（思考）」が全く介入していない「直接の」「知識」に到達できると西田は語っています。

西田の「疑いうるだけ疑う」という懐疑は、引用文に見られる限り、疑わしいと考える反省的思考によって遂行されています。つまり、西田は、思考の要求によってなされた人工的仮定を、疑わしいと考える反省的思考よって排除しようとしていることになります。西田はつぎのようにも語っています。

物心の独立的存在ということが直覚的事実のように考えられているが、少しく反省してみると直にそのしからざることが明らかになる。

このように西田は疑わしいと考える反省的思考をつぎつぎに重ねていくことによって、もはや疑うにも疑いようがない「直接の知識」に到達することができると語っているように見えるのです。この「直接的な知識（純粋経験）」が、疑うにも疑いようがないのは、先ほどの第二の引用文にあるように、主観と客観とを分かつことができず、事実と認識の間に一毫の間隙もないからです。「主観と客観とを分かつことができない」というのは、主観が客観であり、客観が主観である、つまり、主観も客観も存在しないということです。すると、懐疑を遂行してきた主観である西田の反省的思考はどこに行ったのでしょうか。「主観と客観とを分かつことができず、事実と認識の間に一毫の間隙がない」という事態のなかで、その事態を眺めているのでしょうか。それとも主観も客観も存在しないという事態のなかに消滅して存在していないのでしょうか。もし後者であるならば、消滅した反省的思考がどのようにして復活して、疑いうるだけ疑うという反省的思考を遂行するというのでしょうか。西田において、この懐疑を遂行してきた反省的思考のありかたの説明がなく不明なのです。

後でのべますように、事実は、後者つまり、反省的思考は一度消滅したのです。消滅した事態のなかで、「現前の意識現象とこれを意識するということとは直に同一であって、その間に主観と客観とを分かつこともできない。事実と認識の間に一毫の間隙がない」という「直接の知識」を目撃しているのです。その後で、復活した西田の反省的思考が、その「直接の知識」を「純粋経験」と名づけて『善の研究』の根本概念に据えたのです。その復活した反省的思考が、「疑いうるだけ疑う」という懐疑を遂行し、「すべての人工的仮定を去る」という反省を行っているのです。事情は西田の経験はヘーゲルの反省的思考（理性的思考）の成立に酷似しています。ただ西田には、反省的思考が一度消滅し、それから復活したという過程の自覚が欠けているのです（反省的思考の成立の無自覚）。一度消滅した反省的思考とその復活の自覚が欠如している事実を雄弁に物語るのは、処女作『善の研究』の構成です。この著作は、何の説明もないまま、唐突に、いきなり、第一編「純粋経験」第一章「純粋経験」ではじまっています。『善の研究』の冒頭の文章を引用してみます。

経験するというのは事実其儘《そのまま》に知る意である。全く自己の細工を棄てて、事実に従うて知るのである。純粋というのは、普通に経験といっている者もその実は何らかの思想を交えているから、豪も思慮分別を加えない、真に経験其儘の状態をいうのである。たとえば、色を見、音を聞く刹那、未だこれが外物の作用であるとか、我がこれを感じているとかいうような考のないのみならず、この色、この音は何であるという判断すら加わらない前をいうのである。それで純粋経験というのは直接経験と同一である。自己の意識状態を直下に経験した時、未だ主もなく客もない、知識とその対象が全く合一している。

このような純粋経験に到達するには、「疑いうるだけ疑う」という懐疑が必要だと西田は語るのですが、その懐疑について語られるのは第二編においてです。哲学書は順序立てて論理的説明を行う必要があります。この書のはじまりかたは、さながら、いきなり本題を提示する禅の教本のようです。

話が少々先走りました。元にもどることにします。反省的思考が一度消滅し、復活したという過程が西田には自覚されていないと言いました。そのことを西田のことばにしたがいながら確かめることにしましょう。『善の研究』のなかに西田がつぎのように語っている個所があります。

思惟を進行せしむる者は我々の随意作用ではない。思惟は己自身にて発展するのである。我々が全く自己を棄てて思惟の対象即ち問題に純一となった時、更に適当にいえば自己をその中に没した時、始めて思惟の活動を見るのである。思惟には自から思惟の法則があって自から活動するのである。我々の意志に従うのではない。

この文章は西田が「思惟も純粋経験の一種である」ということを論証しようとしてのべた一節です。「思惟」が純粋経験であれば、その「思惟」においては主観も客観もなく、両者は合一しており、分かつことはできないわけです。引用文の直前には、「思惟であっても、それが自由に活動し発展する時には殆ど無意識的注意の下において行われるものである、意識的となるのはかえってこの進行が妨げられた場合である」（傍点は引用者）と書かれています。デカルトの場合、思考（思惟）は意識的、意志的であり、西田のことばを使えば「随意作用」です。ところが、西田の場合はそうではないのです。西田の思惟（思考）は、「殆ど無意識的注意の下において行われるもの」であり、「随意作用ではない」と言うのです。引用文における西田の思惟（思考）は、広隆寺の弥勒菩薩に表現されているような、ものごとを意識的、意志的に対象化する思考ではなく、意志から切り離し、随意作用から離れて、ものごとのなかに沈潜していく集中的な心の働き、すなわち、思惟《しゆい》とよぶにふさわしいものです。ここで西田が語っているのは、参禅体験における思考の働きかたのことなのです。

「意志」から切り離された思考はどうなるでしょうか。「全く自己を棄てて思惟の対象即ち問題に純一となり」、「自己をその中に没する」ことになると西田は言っています。つまり、思考は支えを失って、純粋経験のなかに「没する」のです。それが、「全く自己を棄てて思惟の対象即ち問題に純一となる」ということです。「思惟の対象」というのは主観と客観が合一した純粋経験のことであり、それがここでの「(思惟の)問題」です。こうして思考は消滅し、主観と客観が合一した純粋経験の世界が現出します。西田の思惟はそのとき直覚(直観)となり、純粋経験の事実は直覚的に確実な事実となるのです。主観と客観が合一した直観、それを西田は直覚とよんでいます。西田には十数年に及ぶ参禅・打座の体験がありました。引用文は、西田が行った参禅体験における「思惟」とのかかわりかたをのべたものです。

右にのべたことをもう一度言い換えてみます。普段の生活では思考は「考える〈わたし〉」として存在しており、考えるという思考は主体(主観)の〈わたし〉と結びついて働いています。その思考を〈わたし〉から切り離して、「無意識的注意の下におく」と、思考は「随意作用」から離れて、「自由に活動し発展する」ようになります。西田が語っているように「思考」をこのようにし向けるのが参禅の作法(とでもいうもの)です。すると思考は、(支えを失って)消失し、思考が消失することによって〈わたし〉も消失することになります。これが禅で言うところの「無我」です。無我においては、主観(主体)の〈わたし〉が消失します。主観(主体)の〈わたし〉が消失すれば、客観も消失し、主観もなく客観もない純粋経験の世界が現出するのです。その世界は、「現前の意識現象とこれを意識するということとは直に同一であり」「事実と認識の間に一毫の間隙がない」という直覚された世界です。「現前の意識現象とこれを意識するということとは直に同一である」と言われていますが、この「直に同一である」という事実は、主観（主体）の〈わたし〉が消失することによって、主観（主体）の〈わたし〉が志向する対象が失われる、つまり、意識の志向性が消滅することによって実現するのです。

思考が消失し、〈わたし〉も消失するという「無我」のことを、後年、西田は「自己を忘れる」と言っています。十三世紀前半に道元は、「仏道をならふといふは、自己をならふ也。自己をならふといふは、自己をわするゝなり。自己をわするゝといふは万法に証せらるゝなり」と語っています（『正法眼蔵』）。「無我」というのは道元のいう「自己を忘れる」ということです。西田幾多郎は、「自己が自己を越えることによって超越的自己にいたる」とのべています。「超越的自己」は「意識的自己」に対置されていることばです。「意識的自己というのは何処までも見られた自己にすぎない」、「真に自己自身を見る」ということは見られる自己がなくなることである。自己が絶対に無なることを見ることである。故に、我々は真に自己自身を忘じた所に真の自己があると考えるのである」と西田は語っています（『一般者の自覚的体系』）。ここに言われているように、（見る自己がなくなることによって）「見られる自己がなくなること」つまり「自己が絶対に無なることを見ること」（無我）が「自己自身を忘じること」なのです。そのとき真の自己が現前していると西田は語っています。そのような真の自己（「超越的自己」）は道元が言うように「万法に証せられて」存在しているのです。

西田が参禅において体験した無我の状態（自己を忘れた状態）は、いつまでも続いたわけではもちろんありません。いつまでも続いて無我の状態（自己を忘れた状態）から回復しなかったのであれば、そのような状態について言及することはできなかったでしょう。当然のことですが、西田は、有我の状態にまたもどったのです。もどったから、純粋経験についてさまざまな発言をすることができました。そのとき働いている思考は、有我にとどまり続けていたに過ぎないたんなる悟性的思考ではなく、無我の経験を経て有我に復帰した思考、つまり、ヘーゲルと同じような理性的思考です。ヘーゲルについてすでにお話ししたことをくりかえしますと、ヘーゲルが『論理学』のはじまりの個所でのべているのは、思考が無へ移行し、無から有へ移行したという（経験的）事実です。まずはじめに（思考の）無がある、そして有に帰還した（移行した）思考（理性的思考）がその無を認識しようとする。『論理学』は、その無を認識しようとする（有に帰還した＝移行した）思考（の有）から叙述がはじまります。その有としての思考は「純粋に」有るだけで、いまだ具体的な内容をもたず、無に等しい。しかし、（思考の）無がある、（思考の）有があるということそのものが真理なのではなく、思考が無へ移行し、無から有へ移行したという、思考の成こそが真理である。

このようなしかたで、ヘーゲルは『論理学』のなかで自らの思考のありかたに言及しています。ところが西田には、自らの思考に関する自己言及がありません。それは自らの思考が無へ移行し、無から有へ移行したということにいついて無自覚であること（自覚が欠如していること）に由来しています。

西田の思考とのかかわりはここで終わったのかと言いますと、そうではありません。『善の研究』を発表した後で、西田は、主観と客観が合一した純粋経験の直観の事実と、それについて反省している自らの思考との齟齬に気づくのです。そこで西田はこの直観と反省の関係を整合的に説明しようと悪戦苦闘の思索を重ねます。西田は直観と反省を自覚において統合しようと粘り強く徹底的に試みたのですが、結局、「考えられた自覚的体系とは意識内のことであって、その背後には神秘の世界がある」という結論に達しました（『自覚に於ける直観と反省』）。ここで西田に転換が生じます。西田は『自覚に於ける直観と反省』のなかにつぎのように書いています。「この書は余の思索における悪戦苦闘のドッキュメントである。幾多の紆余《うよ》曲折の後、余は遂に何らの新しい思想も解決も得なかったと言わなければならない。刀折れ矢竭《つ》きて降を神秘の軍門に請うたという譏《そしり》を免れないかも知れない。しかし余はとにかく真面目に一度余の思想を清算してみた」（同書、序）。「譏《そしり》を免れないかも知れない。しかし余は」という西田のことばには自負の念さえ感じられます。「神秘」はこのとき輝きはじめるのです。西田は自らの思想を「真面目に一度清算してみる」ことによって「一転」します。西田は別の個所でこの転回を「論理から自覚を見るのでなく、自覚から論理を見よう」、「裏から表を見ようと努めた」と語っています。この転回がどのようなものであったのかは、それについて書いた著作の題名『働くものから見るものへ』が語っています。西田は、反省という思考の働きを棄てて、見るという直観をとろうとするのです。この見るは、見るものがあって見るのではなく、見るものなくして見るということを意味します（言わば無我の状態において見るということです。ただし、見るものがなくて見る、と西田が見ているということを忘れるわけにはいきませんが）。

この見るものがなくて見る（自己を無にして見る）という直観は絶対的な神秘的直観です（なぜ神秘的であるのかと言えば、その事態は、言語によって表現する、あるいは思慮を働かせる自己が無にして存在していませんので、言語を絶し、思慮を絶しており、相対化することができないのです）。西田は、このような直観を、すべてがそこにおいてある場という意味で、絶対無の場所とよんでいます（「場所の思想」）。そして、（見るものなくして見られた）この絶対無のなかで反省的思考が成立するとみなし、反省的思考は絶対無の場所において成立するというのです。西田における場所の思想はこのような転回によって成立していきます。西田は、自らの反省的思考を、このような転回によって絶対無の場所のなかに基礎づけることができたと考えました。

　このようなしかたで自らの思考を基礎づけることに成功したという自信をもった西田は、「場所の思想」の成立以降、見るものなくして見るという事態を見ている自らの直観と相まって、反省的思考を駆使することによって、詳細で緻密な議論を展開し、いわゆる西田哲学を構築していきます。その内容についての言及は西田哲学の研究者に任せることにします。哲学で問題となるのは何を思考したかということでしょう。しかしわたしたちの関心は、何を思考したかではなく、どのように思考したかということにあります。ですからここで叙述しているいることはいわゆる哲学（研究）ではないということをお断りしておかなければなりません。

　先ほどものべましたように、ヘーゲルは、思考が無へ移行し、無から有へ移行したという事実における移行の過程を思考自身の生成の論理（弁証法）として叙述しています。それに対して西田は、思考が無へ移行し（無我）、無から有へ移行したという事実を、過程的にではなく、場所的に、思考（の有）が無（絶対無）においてあると考えるのです（そして、ヘーゲルの場合では考えられている思考とそれを考えている思考は同一であるのに対して、西田の場合は、無の場所においてあると考えられている思考と、そのように考えている思考は、同一ではなく乖離したままです）。そのことを西田は、ヘーゲルの弁証法は過程的弁証法であるのに対して、自らの弁証法は場所的弁証法であるとのべています。ヘーゲルの弁証法が、思考が生成する必然的な過程を、その思考自身によって論理的に説明するものであるのに対して、西田の弁証法は、言わば、入れ子型をなしており、自らの反省的思考も絶対無の場所においてあるというしかたで、絶対無の外から見ている反省的思考を無（絶対無）のなかに基礎づけてすまそうとしているのです。

先ほど西田が転回をとげて、「論理から自覚を見るのでなく、自覚から論理を見よう」、「裏から表を見ようと努めた」と語っている、とのべました。西田は、裏返しをして、裏であった自覚（見る）を表にし、表であった論理（反省的思考）を裏にしたのですが、西田が気づいていたのか、いなかったのかわかりませんが、そうすることによって西田は自らの反省的思考を無（絶対無）のなかに閉じ込めることになりました。こうして、反省的思考は、（絶対無という場所においてあるのですから）無根拠の（根拠をもたない）まま、西田の思考における裏方として、自由自在に働くことになります。

西田の最後の立場は「絶対矛盾的自己同一」の立場です。難解なこのことばをヘーゲルの『論理学』のはじまりの個所と比較することによって説明することにします。まずデカルトからはじめますが、デカルトは無を知りませんでした。無を知らないデカルトの思考は悟性的思考です。デカルトは、有＝有であり、無＝無である（有は有る、無は無い）と考え、無

＝有（無が有る）というのは矛盾率に反する（矛盾している）と考えます。これが悟性的思考です。しかし、無を知っているヘーゲルの思考は理性的思考です。無が有る（無＝有である）と考えるのです。しかし、この無と有は絶対的に区別されています（絶対的差異）。その無が有へ移行します。この移行が成です。肝要なのは、無は思考の無である、有は思考の有である、成は思考の成であるということです。つまり、思考が無へ移行し、無から有へ移行する、その移行が成であるということです。そのように、思考の無が思考の有へ移行し、その移行が思考の成である、とヘーゲルが考えている、そう考えているヘーゲルの思考は、西田や一般に受けとめられているように、移行すると考えられている思考の外にあるのではなく、考えられている思考そのものなのです。絶対的に区別されている（思考の）無と（思考の）有は、移行することによって（思考の）成が成立します。（思考の）成はこのようなしかたで（思考の）無と（思考の）有が止揚されることによって成立するとヘーゲルは言っているのです。これがヘーゲルの弁証法ですが、それを西田は過程的弁証法とよんでいるのです。

西田も無を知っています。無が有る（無＝有である）という事実を、西田は、有は無（絶対無）においてあると、場所的に考えるのです。これが西田の言う場所的弁証法です。その場合、有が場所的に無においてあると考える西田の思考は有と同一ではなく（乖離しており）、有の外にあります。ですから西田は、その（反省的）思考そのものを無（絶対無）においてあると、場所的に基礎づける必要があったのです。西田の「絶対矛盾的自己同一」というのは、無と有は絶対的に矛盾しているが、同一であるというものです。ヘーゲルは絶対的に区別されていた無と有が移行する成において止揚されて同一の真理となると考えていますが、西田は、絶対的に矛盾している無と有は、有を場所として無が包むことによって同一になると考えるのです（そう考える西田の思考は、同一であるという事態の外にあります）。これが「絶対矛盾的自己同一」ということです。このようなしかたで西田の理性的思考（弁証法的思考）は矛盾率を超えているのです。西田の思考は、ヘーゲルの思考の移行つまり成の過程を認めずに、思考の過程（移行）を静止した場所として受けとめることによって、思考そのものが変化することを認めないのです。

西田は、早い時期から、「実在は現実そのままのものでなければならない」と考えていたと語っています。引用しておきます。「私は何の影響によったかは知らないが、早くから実在は現実そのままのものでなければならない、いわゆる物質の世界という如きものはこれから考えられたものに過ぎないという考えを有《も》っていた。まだ高等学校の学生であった頃、金沢の街を歩きながら、夢みる如くかかる考に耽ったことが今も思い出される」と（『善の研究』第三版のための序文）。「現実そのまま」ということばは、別の個所では「事実そのまま」とも言われています。『善の研究』において、純粋経験は「全く自己の細工を棄てて、事実に従う」経験であり、「毫も思慮分別を加えない」ものである、と言われていることはすでにのべました。西田は、参禅における無我の体験のなかで、学生時代に夢見る如く耽っていた考えが実現しているのを目撃するのです。『善の研究』以降、西田は思索を重ねて自らの考えを深めていきます。やがて場所の思想の立場にいたって、すべては絶対無という場所においてある、という考えに到達します。わたしたちは、ヘーゲルが、無の体験について、すべての事物が「無（夜）のなかに沈んでおり」、「この夜のなかに帰還している」、「無が最初のものであり、そこから、一切の有、有限なものの多様性のすべてが生まれでた」とのべていることを想起するのではないでしょうか。ヘーゲルの無の体験と西田の無我の体験は類似しているのです。

ヘーゲルの理性的思考は、無のなかから立ち上がるのです。そして、無（思考の無）から有（思考の有）へ移行する（立ち上がる）過程を成（思考の成）として、その立ち上がる思考自身によってとらえるのです（詳しいことは、拙著 *Über das Nichts des Denkens* に書きました）。簡単にのべますと、立ち上がったばかりの有の思考（内的反省）はまだ空虚であり思考としての働きを備えていませんので、外的反省によって、その思考のありかたをとらえようとします。肝要なのは、外的反省が内的反省に追従しながら反省するということです。

内的反省は、外的反省に助けられて、やがて思考として充実した働きを備えるようになります。このようなしかたで、外的な反省と内的な反省が合一することによって、内的反省は反省の思考として自立するのです。このような反省をヘーゲルは「外的および内的反省」とよんでいます)。ヘーゲルの反省的思考(理性的思考)は、思考自身が無から有へと移行する成の思考として弁証法的なのであり、西田が言うように過程的で動的なのです。それに対して西田の反省的思考には、無(無我)から有(我)へ移行した(無から有へ帰還した)という過程の意識が欠如しており、移行を過程として意識することなく、静的に、無の場所においてあるものとみなしたのです。西田の反省的思考(理性的思考)はこのようにして無(絶対無)という場所において有るものとして(西田が考える、無＝有)根拠づけられたように見えますが、実は根拠づけられてはいないのです。ヘーゲルとは違って、西田の反省的思考は、それ自身によってそれ自身を根拠づけたのではなく、それ自身をその外から反省することによって根拠づけているのです(ヘーゲルの内的および外的反省において、内的反省を欠いているということであり、たんなる外的反省に過ぎないのです)。西田は自らの反省的思考を無(絶対無)という場所において有ると考えることによって根拠づけたとみなしたのですが、外的反省を無のなかに根拠づけたということは、根拠づけたように見えて、その実は、根拠が無いとみなしたということです。西田の理性的思考(反省的思考)は根無し草のようです。思考は根無し草のように流れるままに自由自在に漂流しやがて現実に追従することになるでしょう。

このような思考からは、現実を変える（変革する）力は生まれようがありません。西田の思考は、「現実そのまま」であるために思考の介入を排除しようとする思考です。そもそも現実を変えようとする志向がないのです。『働くものから見るものへ』の序文のなかに、つぎのような文章があります。引用します。

形相を有となし形成を善となす泰西文化の絢爛《けんらん》たる発展には、尚《とうと》ぶべきもの、学ぶべきものの許多《あまた》なるはいうまでもないが、幾千年来我らの祖先を孚《はぐく》み来《きた》った東洋文化の根底には、形なきものの形を見、声なきものの声を聞くといったようなものが潜んでいるのではなかろうか。我々の心は此《かく》の如きものを求めてやまない、私はかかる要求に哲学的根拠を与えて見たいと思うのである。

美しい文章です。ことばもすばらしいが、内容もすばらしい、西田の文章のなかでわたしの最も好きな文章です。この文章に接するとわたしはいつもギリシャ彫刻と日本の仏像を思い浮かべます。人間の理想的な身体の動きの一瞬の姿を白い大理石に刻んだギリシャ彫刻は輝くような美しさでわたしたちに迫ってきます。日本の仏像の美しさは、そうではなく、永遠に静止しているように見える深い精神性を表現した姿にあります（仏像については、拙著『日本人の〈わたし〉を求めて』の第五章「仏像のまなざしについて」に書きました。よろしければ参照してください）。どちらかがより優れているというのではなく、二つの彫刻作品は写実のありかたが違うのです。写実という文字は実在を写すと書きますが、写す実在のありかたが異なっているのです。写実のありかたが異なっていることによって、生み出される（芸術）作品は当然違ってきます。

同様に、西洋文化を基礎づけている思考のありかたと日本文化（西田）を基礎づけている思考のありかたは当然異なってきます。引用文で西田は、西洋文化（泰西文化）もすばらしいが、わたしたちの魂を孚《はぐく》み来《きた》った東洋文化（日本文化）の根底に潜んでいるものも（違ったしかたで）すばらしい、「その根底に潜んでいるもの」に「哲学的根拠を与えて見たいと思う」とのべているのです。わたしは、西洋文化を基礎づけている思考のありかたのほうが、西田の哲学における思考のありかたと比べて優れていると言っているのではなく、引用文に語られているような志向から生まれてきた西田の思考のありかたからは、現実を変える（変革する）力は出てこないと言っているだけなのです。

ドイツ人の哲学者のレーヴィットのことはすでに紹介しましたが、彼は「日本人の西洋に対する関係はすべて自己分裂的になり、アンビヴァレント（愛し同時に憎むこと——引用者）になる。西洋の文明を歎賞し同時に嫌悪するのである」（傍点は原文）とのべています（このように語っているのはレーヴィットだけではありませんが）。西田にもこのような傾向はあったのかもしれませんが、それはともかくとして、西田には、引用文に語られているように、日本文化の根底にあるものに「哲学的根拠を与えて見たい」という思いがあったのです。その思いを果たそうとして哲学的思索を遂行する際に、日本文化とは異質な西洋哲学と格闘する必要があったのです。なぜこのようなことを言うのかと言いますと、西田哲学を高く評価する人たちの多くが、西田幾多郎は西洋哲学を凌駕しようとして試作を重ねたのであり、実際に西洋哲学を凌駕していると受けとめようとしているように思われるからです。これは、レーヴィットが言う、西洋文化を「歎賞し同時に嫌悪する」という日本人のアンビヴァレントな感情から生み出されたものではないでしょうか。自分のところに添削を頼んでくる日本人の学生の論文の最後が「ヨーロッパからすでに何もかも学んでしまって、今度はそれを改善し、もうそれを凌駕している」という、きまってそんな文句になっているとレーヴィットは語っていますが、この学生たちの意識は西洋文化に対するアンビヴァレントな感情から生じているものでしょう。また、ドイツ滞在中にトリアーの現象学会で経験した出来事の話をしました。ある日本人の教授が講演の最後に、ドイツの哲学もすばらしいが、芭蕉の思想はドイツの哲学を超えているところがあると話しているときに、ドイツ人の哲学者（ガーダマー）がにこやかに笑いながら「日本人はこういう言い方がすきですねえ」と話しかけてきたのもそうです。日本人の（教授の）アンビヴァレントな感情にここでもまた出会ったとガーダマーは思ったのでしょう。

何故、西洋文化を超えようとする（超えたいと思う）のでしょうか。それは、西洋文化に対するアンビヴァレントな感情のなかに潜む劣等感を解消したいと感じるからではないでしょうか。わたしは、日本の仏像彫刻はギリシャ彫刻を超えていると言っても、意味をなさないと考えます。日本の仏像彫刻とギリシャ彫刻はそれぞれ違ったしかたですばらしいのであって、どちらかが他方よりももっとすばらしいということはないと思うのです。問題なのはこの劣等感にどのように対処するかということにあるでしょう。この劣等感は自己のよって立つ根拠の自覚の欠如から生じているように思われます。自己のよって立つ根拠の自覚の欠如から生じてくるのが、他を貶めることによって優越を誇り、自己に自信をもとうとする態度です。そうではなく、西田が試みたように、自己がよって立つ根拠を自覚することによって自己に自信をもつことができれば、他を貶めるのではなく、他の優れているところを吸収することによって、自己に対する自信をさらに深めることができるのではないでしょうか。そのために必要なことは何か。それは、自己のよって立つ根拠を明確に自覚すること、そのためには自己とは異質な摂取した西洋文化の本質を見極めることが必要であるということ、この二つのことです。異質な西洋文化の本質を見極めることによって自己のよって立つ根拠を自覚することが可能になるでしょうし、自己のよって立つ根拠を自覚することによって異質な西洋文化の本質を見極めることが可能になるでしょう。両者は不即不離の関係にあるのです。

西田幾多郎が行った思索はそのようなことを志向していたのではないかとわたしは考えています。西田は日本文化を基礎づけようと試みました。しかし、日本文化を基礎づけようと試みた自らの思考そのものを基礎づけるという点では不十分であったように思われます。西田幾多郎を評価するのであれば、自らの劣等感の解消に役立てるために、西田を矮小化して利用するようなことはすべきではないと考えるのです。まずわたしたちがなすべきことは、西田もなしえなかったことですが、輸入して身につけた西洋の近代的思考の本質的なありかたを明らかにすることです。つぎに、その思考を生み出した感性的風土とは異なる日本の感性的風土のなかに、身につけた西洋の近代的思考を基礎づける（根拠づける）ということです。この基礎づけ（根拠づけ）に成功しない限り、わたしたちの思考はいつまでも根無し草の状態にとどまり、漂流し続けることになるでしょう。根無し草の状態で漂流し続ければ、加藤周一が語っているように「科学的な、あるいは論理的な思考さえもが、日本の知識人にとっては、時と場合に応じて放棄しうるものである」という現象が生じるでしょうし、山本七平が語っているように「統計も資料も分析も、またそれに類する科学的手段や論理的論証も、一切は無駄であって、そういうものをいかに精緻に組みたてておいても、いざというときには、それらが一切消しとんで、すべてが『空気』に決定されることになる」ということになるでしょう。最近三十年の日本の社会の停滞はこのような思考のありかたから生じているように思われます。日本はこのままこのような思考のありかたを続けていくのでしょうか。

第五章　志賀直哉の思考について

　日本人は、西洋から輸入して身につけた近代的思考を日本の伝統的感性に根づかせることなく放置しており、思考と感性が乖離したままの状態で分裂した精神構造をしているという話をしました。日本人の精神は、レーヴィットの言う階段がない二階建ての家屋の構造をしているのです。そのような日本のなかで、圧倒的多数の普通の人たちは、空気的判断の基準（山本七平）に支配されて生きていることに違和感をもったり、異議を唱えたりすることもなく、平穏無事に毎日を過ごしているわけです。しかし、鋭い感受性をもち、自己に誠実に生きようとして、その乖離した分裂状態から生じる葛藤に耐え切れずに、蹉跌の道をたどった人たちがいます。何人かの名前を挙げてみます。夏目漱石（一八六七―一九一六）、志賀直哉（一八八三―一九七一）、芥川龍之介（一八九二―一九二七）、太宰治（一九〇九―一九四八）です。このなかで志賀直哉だけは例外的です。志賀は、精神の分裂状態を克服し、蹉跌の道を回避することに成功しているのです（そのことは後でのべることにします）。

よく知られているように、明治以降の日本の文明開化（西洋化）は「皮相上滑り」であると看破していた夏目漱石は、『三四郎』のなかの髭の男、広田先生が言うように「亡《ほろ》びるね」という予感をもっていました。その予感は、日本の社会全体についてのものでもあったのですが、何よりもまず自分自身の個人的なものでした。漱石が神経衰弱や胃潰瘍に苦しんだことはよく知られています。これらの精神的症状（神経衰弱）や身体的症状（胃潰瘍）は、分裂した精神のありかたから生じたものでした。晩年に漱石が希求した「即天去私」の境地は、行き場所を見出せずに、苦悩の元凶であるように見える〈わたし〉を去って、天（自然）に回帰したいという願いを表明したものであると思われます（しかしその願いは漱石の死にいたるまで実現することはありませんでした）。

芥川龍之介は、数え年三十五歳の若さで「将来に対するぼんやりとした不安」ということばを残して自殺したことでよく知られています。自らの日本的感性に根差すことができずに感性から乖離したままだった芥川の〈わたし〉は、足もとが不安定なまま、乖離が激化することによって激しい動揺にさらされます。不安についてはハイデガーが『形而上学とは何か』のなかで詳しく描写していますが、不安は自らの〈わたし〉がよって立つ足もとそのものが激しく動揺する現象です。対象化する拠点としての〈わたし〉そのものが動揺する不安には対象がないのです。「ぼんやりとした」と芥川は書いていますが、「ぼんやりとしている」のは不安には対象がないからなのです。そのような不安がこれから先、もっと激しくなることに芥川は耐えられないと感じたのでしょう。

太宰治が死の一カ月前に書き上げた作品『人間失格』のなかに、主人公の大庭葉蔵が「東京に大雪が降った夜」に「酔って銀座裏」を「振りつもる雪を靴先で蹴散らし」ながら歩いていて喀血する場面があります。そのとき「小声で繰り返し繰り返し呟くように歌って」いたのは、「ここはお国を何百里」という歌です。「何百里」の後に続くのは、ご存知のように、「離れて遠い……」ということばです。葉蔵は「しばらくしゃがんで、それから、よごれていない個所の雪を両手で掬い取って、顔を洗いながら泣きました」。そのとき「哀れな童女の歌声」で、「こうこは、どうこの細道じゃ？　こうこは、どうこの細道じゃ？」という歌が「幻聴のように、かすかに遠くから聞こえました」。葉蔵の〈わたし〉は「お国」を遠く離れて、「どこの細道」かわからない迷路をさまよっていたのです。

志賀直哉が青年時代に強度の神経衰弱に苦しんだ（一九〇二年から一九一七年まで、十九歳から三十四歳まで）ことは、漱石の神経衰弱ほどには、知られていないかもしれません。志賀直哉はこの全期間を通じて肉親の父との不和・葛藤の問題で苦悩しました。この不和・葛藤は、一切の妥協を排して真の自己を模索しようとした青年期の過程で必然的に生じたものでした。その過程で一九〇一年に内村鑑三を通じてキリスト教の影響を受けるようになった経験が決定的な意味をもつことになりました。志賀直哉の神経衰弱が発症したのは内村鑑三のもとでキリスト教の父なる神を知るようになった翌年、一九〇二年のことです。志賀直哉は不和・葛藤のなかにあっても肉親の父の愛情を求め続けました。キリスト教の父なる神は愛の神です。青年時代の志賀直哉の内部の父なるものの愛を求める心のなかで、肉親の父とキリスト教の父なる神という二つの父が併存しながら対立することになりました。西洋文化の根底に存在するキリスト教の父なる神と日本の伝統的文化の根底に存在する肉親の父との構造的なありかたは違います。この違いから、それぞれの父に支えられた〈わたし〉のありかたが違ってくるのです。志賀直哉は対立する二つの父のはざまで、分裂する二つの〈わたし〉にひき裂かれて神経衰弱を発症し、苦悩の青年時代を過ごしたのです（志賀直哉の青年時代の精神の歩みについては『ひき裂かれた〈わたし〉——思想としての志賀直哉』〈新曜社〉に書きました。ここでは詳しいことについてのべる余裕がありません）。キリスト教の父なる神とは一九〇八年、二十五歳のときに内村鑑三のもとを去ることによって訣別しましたが、訣別後にすぐにキリスト教的なるものから脱却できたわけではありませんでした。完全に脱却できたのは一九一七年に肉親の父と和解したときです。肉親の父と和解することによってキリスト教的なるものから脱却することができて、神経衰弱を克服することができたのです。

志賀直哉は神経衰弱を主題にした短編をいくつか書いています。ここでは『濁った頭』（一九一一）をとりあげてみます。この作品のなかに作者が経験した神経衰弱の症状を主人公の青年の経験として描写した場面があります。少し長くなりますが引用します。

その時分の私の頭というものは実に変でした。ある時は溶けた鉛のように重く、苦しく、ドロ〳〵している事もありますし、ある時は乾いた海綿の様に、軽く、カサ〳〵して中に何もない様に感じられる事もあるのです。乾いた海綿の様になった場合には自分自身の存在すら、あるか、ないか、分からなくなって頭には何の働きも起こさなくなるのです。もし死人に極《ご》く少しの意識が残る事があったらこんな心持が仕やしないかと思われる様な心持です。また前のような場合にはどうかすると色々な事が浮かんで来て覚めながら夢を見ている様です。後から〳〵妄想があたかも現実の出来事のようにはっきりとして頭の中を通って行きます。［……］私は［……］頭の中で演じられる、その色々な芝居を眼球《めだま》の内側で視凝《みつ》めているのが一つの楽しみになって来たのです。

（『濁った頭』全集一）

ここには存在と思考に関する二つの事態が語られています。一つは、思考の働き（「頭の働き」）が止まって、〈わたし〉（「私」）が存在しているのか、いないのか、わからくなるということ、もう一つは、非現実の妄想があたかも現実の出来事のように見えるということです。非現実と現実とを識別する働きが失われているということです。いったい何が起きているのでしょうか。

フランスの哲学者メルロ＝ポンティが感覚の再帰性について語っています。再帰性というのは、視覚で言えば、〈わたし〉が何かを見ているとき、〈わたし〉は見るものであると同時に、見えるものであるということを意味します。見る〈わたし〉が見える〈わたし〉である、つまり、見る〈わたし〉が見える〈わたし〉に（逆に、見える〈わたし〉が見る〈わたし〉に）再帰しているのです。彼はさらにつぎのように語っています（引用文中の「私」は〈わたし〉と読み替えてください）。

見えるものが私を満たし、私を占有しうるのは、それを見ている私が無の底からそれを見るのではなく、見えるもののただなかから見ているからであり、見るものとしての私もまた見えるものだからにほかならない。

（メルロ＝ポンティ『見えるものと見えないもの』滝浦静雄・木田元訳、みすず書房）

『濁った頭』の青年の場合、〈わたし〉の再帰性が阻害されています。見るものとしての〈わたし〉が見えるものではなくなっており、見えるものを見る〈わたし〉は、見えるもののただなかから、ではなく、何もないところから（「無の底から」）それを見ているのです。見る〈わたし〉の再帰が阻害されているということは、見る〈わたし〉と見える〈わたし〉が分裂して乖離しているということです。見えるものは、もはや〈わたし〉を満たすことも、〈わたし〉を占有することもありません。見る〈わたし〉は、見える〈わたし〉の外にあり、また、見える〈わたし〉（〈わたし〉の妄想）も、それを見ている〈わたし〉の外にあります。こうして、本来は〈わたし〉の内にあるはずの妄想が〈わたし〉の外の現実のように見えるのです。見える〈わたし〉が消滅し無と化して、見る〈わたし〉は無の深淵の上に宙づりの状態で見ているのです。思考（頭の働き）は感性（見る〈わたし〉）と共働して働きます。見る〈わたし〉が無の深淵の上に宙づりになった不安定な状態にあるということは、思考の働きも不安定で、消滅に瀕しているのということを意味します。

『濁った頭』の最後は、このような精神状態にある青年が偶然通りかかった渓流沿いの小さな水車の回転をぼんやりと眺めている場面です。ニーチェは、深淵を覗いていると、深淵のほうがその人を覗き込んでくると語っています。青年が眺めている回転する小さな水車こそ、この青年の見る〈わたし〉にとって深淵でした。この（小さな水車の回転という）深淵がそれを眺めている青年のほうを覗き込んできます。支えを失って無の深淵の上に宙づりになっていた青年の見る〈わたし〉は、容易に水車の回転に巻き込まれて自らも渦を巻きはじめるでしょう。水車の回転がだんだん大きくなって青年に迫ってきます。青年はもう見つめていられなくなり、そのままそこに昏倒してしまいました。そして気づいたときには東京の癲狂院（精神病院）に入れられていた、と書かれています。

『濁った頭』は、自分（作者）が滞在していた箱根の小涌谷の宿で出会った、隣室の客の津田という名前の青年から聞いた話を書き記したという構成になっています。津田君は二年間癲狂院に入院していたという設定になっていますが、まぎれもなく作者の分身であり、神経衰弱という自らの精神の病を投影した人物です。分身の津田君が昏倒したまま癲狂院に運び込まれるというのは、作者が自らの精神の病の行く末をそのように予感していたということを意味します。

太宰治の『人間失格』（一九四八）は『濁った頭』と同じような構成をしています。『人間失格』も知人から預かった、ある「狂人」（主人公の大庭葉蔵）の手記を公表したという体裁をとっています。このような構成は、まず三人称の人物を外から客観的に描写し、本文では一人称の「私」が直接に内面を述解できるという描写の自在さに理由があると思われます。芥川も『河童』(一九二七)で同様の構成をとっています。『人間失格』の主人公も最後に脳病院に強制的に入院させられています。太宰の場合、脳病院への入院は自身で体験したことでした。太宰はかつて『もの思ふ葦』(一九三五—三六)というパスカルのことばを表題にとった随筆を書いていますが、「もの思ふ」ことが止んだ、ただの葦、太宰が自らの行く末に予感したのは、脳病院を退院後の廃人同様の葉蔵の姿です。葦も同然の葉蔵にとって、すべてはただ風のように通り過ぎていくだけです。

志賀と太宰は主人公が精神病院に収容されるという同じような結末を描いた作品を書いていますが、太宰は作品を書き上げた直後に自殺しました。しかし志賀は生きのびたのです。二人の違いはどこにあるのでしょうか。志賀直哉が『濁った頭』を書いたのは、内村鑑三のもとに通いはじめてから十年が、神経衰弱が発症してから九年が、過ぎた時期でした。そのころ志賀直哉は姦淫罪についての内村の教えに反発してこの作品を書いたのです。キリスト教と肉親の父に関して言えば、太宰治の『人間失格』の主人公は、「神の愛は信ぜられず、神の罰だけを信じている」と語っています。キリスト教の神は愛の神です。その愛が信じられないというのは、神を信じていたのではないということです。あるいは、太宰が、たんに頭で考えたに過ぎないキリスト教の神の罰だけを信じていたということになります。肉親の父の方はどうかと言いますと、精神病院に引き取りに来た長兄から父が胃潰瘍で亡くなったことを知らされました。「自分はいよいよ腑抜けたようになりました。父がもういない、自分の苦悩の壺がからっぽになったような気がしました」と語っています。太宰にとって肉親の父は「懐かしくおそろしい存在」でした。しかし、そのような肉親の父とキリスト教の父なる神とが太宰の内部で対立し葛藤するということはありませんでした。したがって、太宰は志賀直哉のように二つの父にひき裂かれて神経衰弱に苦しむということはなかったのです。志賀直哉と太宰治の苦悩の内実は違っています。

志賀直哉は、「病的という事は飛躍であり、正気では感ぜられないもの、又正気では現せないものを、この飛躍で現す場合がある」と語っています（「創作余談」全集八）。これはニーチェの「病者の光学」に相当することばです。「病者の光学」というのは、正常な人間には見えないものを病的な経験をした人間は目撃することができるという意味です。志賀のことばは、『濁った頭』を書いていたころ、他の作品について語っているものですが、当然『濁った頭』にもあてはまることばです。志賀直哉は、太宰にはなかった、このような「病者の光学」の視点をもっていたのです。この視点が志賀直哉に生きのびる方途を与えたのです。

一九一二、一三年ごろ、志賀直哉は尾道に住んでいましたが、「精神的に非常に苦しく、神経衰弱でもあって、やりきれない気持ちでいた」と語られています。このころ志賀直哉の精神は最大の危機をむかえていました。それがどのような事態であったのかを説明する文章があります。引用します。

自分のは自分の一つ〳〵の行為を反省し批判し、冷汗を流し自己嫌悪に陥入る。自分は自分の行いが一つ〳〵で勝手にその場合〳〵に出て来る。このくらい不安な事はない。それらがどうしても自ら統一する事が出来ない。むしろ病的なくらいである。行いつゝある自分とそれを見ている自分とが全く別々になる。自分が二つになる、その二つがゴチャ〳〵になる、それは見ている自分が、行っている自分を見ていられない程に悲惨に思う時、アワテゝ二つがゴチャ〳〵にこんぐらかる。もう何もかも滅茶々々になる。極端にミゼラブルな自分が残る。この分裂を自分は時々惹き起こす。自分はこういう状態が段々烈しくなれば生きてはいられない。自分は何よりも自分を統一しなければならぬ。根本の一つのもの［を］、握らねばならぬ。［……］そこにいて、総てを見なければならぬ。［……］自分はどうかしてそれを失ったのだ。何所で自分はそれを失ったろう？

（「暗夜行路草稿6（資料）」全集六）

危機は深刻でした。『濁った頭』のところで〈わたし〉の再帰性が阻害されていることについてのべました。この引用文では、その再帰性の阻害が行為にまでおよんでいることが語られています。見る〈わたし〉と見える〈わたし〉が分裂して乖離しているとき、〈わたし〉の行為(見える〈わたし〉)はそれを見ている〈わたし〉から乖離しており、〈わたし〉とは切り離されて無関係に(「勝手に」)出てくることになります。このようなしかたで〈わたし〉の統一が失われているのです。「このくらい不安な事はない」と主人公(作者)は語っています。行為の中で「行いつゝある自分とそれを見ている自分とが全く別々になる。自分が二つになる、その二つがゴチャ〱になる」、「もう何もかも滅茶々々になる。極端にミゼラブルな自分が残る」、「こういう状態が段々烈しくなれば生きてはいられない」と主人公(作者)は語っています。事態は絶望的な状態にあったのです。

このころ書かれた作品に『児を盗む話』(一九一四)という作品があります。作者はこの作品について「尾道時代の経験で、半分は事実、児を盗むところからは空想」と語っていますが、「児を盗むところ」よりも前、つまり事実を書いた部分に、町へ出ようとして踏切にさしかかる場面があります。

踏切りの所まで来ると白い鳩が一羽線路の中を首を動かしながら歩いていた。私は立ち留ってぼんやりそれを見ていた。「汽車が来るとあぶない」というような事を考えていた。それが、鳩があぶないのか自分があぶないのかはっきりしなかった。然し鳩があぶない事はないと気がついた。自分も線路の外にいるのだからあぶない事はないと思った。そして私は踏切を越えて町のほうへ歩いて行った。
「自殺はしないぞ」私はこんなことを考えていた。

（『児を盗む話』全集二）

線路のなかを歩いている鳩と、それを見ている〈わたし〉がいます。その〈わたし〉は、線路の外にしっかりと足を地につけて線路のなかの鳩を見ているのではありません。足もとはおぼつかなく、思わず鳩のところに引き寄せられてしまうほど、たゆたうように危ういのです。しかし、線路のなかの鳩があぶないはずはないし、線路の外にいる自分もあぶなくはないとまだ冷静に判断できる理性がかろうじて残っていました。そこから「自殺はしないぞ」という考えが生じているのですが、しかし、その考えは、どこか非意志的で、「私」が考えたというよりも、自然にどこかから湧き出てきたかのようです（前半の「汽車が来るとあぶない」という考えも同様です）。

それから間もなくして、松江に滞在していたころですが、志賀直哉は、伯耆（鳥取県）の大山に出かけて山腹の宿坊に十日間滞在しました。そのときに経験した心境について「大山の十日間は自分には忘れられない。この間に思ったり、仕たりした事の意味をいまにハッキリさすつもりだ。自分は左顧右慮絶えず落ちつかない心持をすっかり落ちつかす事ができた」と語られています（「暗夜行路草稿22」全集六）。志賀直哉は「大山の十日間」に何か決定的なことを経験したのです。この「ハッキリさすつもりだ」という決意が見事に結実することになったのは『暗夜行路』の後編の最後の大山の場面でしたが、四半世紀という時間を経過した後のことでした。ここでは、そのような決意を固めたころに書かれた文章の一節を引用しておくことにします。

私は何も知らなかった。而して只ゴー慢であった。寧ろゴーマンであろうと努力していた。然し私はどうしてもゴーマンになれなかった。それは病的にゴーマンになる事もあった。が、直ぐ不安が来た。私の心はメソ〱とクヅされて了う。病的に弱い心になって了う。私はどうかして常住にゴーマンな心を持ち得る人間になりたいものだと願った。——何という馬鹿だったろう！

（「暗夜行路草稿23」全集六）

何か決定的な心境の変化が生じたことがわかります。しかし、思考に関してそれがどのような変化だったのかが明らかになるのは、『暗夜行路』の描写を待たねばなりません。この「大山の十日間」の経験から三年後に発表された『城の崎にて』（一九一七）という作品があります。この作品に書かれていることは、実は「大山の十日間」の経験よりも一年前（一九一三年）に経験したことです。この作品も「事実ありのままの小説である」と作者は語っています。

『城の崎にて』は作者が友人と夜、東京の芝浦の埋め立て地の海岸に散歩に出かけて、その帰り路に山手線の線路の脇を歩いていて後ろから走ってきた電車に数メートル跳ね飛ばされて背骨を強打し頭部に裂傷を負ったという書き出しではじまっています。傷口は一八センチほどもあり、頭蓋骨が見えていたといいます。同行していた友人に近くの病院に運び込まれ作者は二週間の入院生活をおくることになりました。退院する際に医者が二、三年間は脊椎カリエスの発病の可能性があるので用心する必要がある、温泉に行って養生するのがいいとすすめてくれました（ちなみに、一九〇二年に死去した正岡子規の病が結核性脊椎カリエスでした。当時この病は死の病だったのです）。医者のすすめにしたがって作者は一人で但馬の城崎温泉へ出かけました。

背中の傷が脊椎カリエスになれば致命傷になりかねないが、そんな事はあるまいと医者に云われた。二三年で出なければ後は心配はいらない、とにかく要心は肝心だからといわれて、それで来た。三週間以上——我慢出来たら五週間位居たいものだと考えて来た。

作品はこのような文章ではじまっています。そして、結びの部分はつぎのような文章でおわっています。

三週間いて、自分は此処を去った。それから、もう三年以上になる。自分は脊椎カリエスになるだけは助かった。

最後の文章「脊椎カリエスになるだけは助かった」というのは、脊椎カリエスにだけはならずにすんだ、という意味です。ですから、この文章は、「けれども……」という余韻を残して終わっているのです。つまり、心配した脊椎カリエスにはならずにすんだ、けれども、そうではない何かが自分の身に起きた、と暗に語っているのです。その出来事について書かれているのが作品の本文、つまり、右に引用した書き出しの部分と結びの部分のあいだ、に語られているのです。作者は、作品を結ぶにあたって、作品のなかで語った自分の身に起きた出来事をもう一度振り返りながら作品を締めくくっています。

作者は作品のなかで何を語っているのでしょうか。まず書かれているのは、山手線の事故から受けた肉体的な死の衝撃です。しかし、注目すべきことは作品のはじめから「何かしら死に対する親しみが起こっていた」と書かれていることです。作者は肉体的な死の衝撃を受けたにもかかわらず「何かしら死に対する親しみが起こっていた」という自分の心境を見つめながら三週間を過ごしています（詳しいことは拙著『ひき裂かれた〈わたし〉』を参照してください。ここでは要点だけをのべることにします）。作者が見聞した、すずめ蜂の死、瀕死の鼠が必死で逃げ回っている姿、自分が何気なく投げた石に当たってあっという間に死んでしまった蠑螈《いもり》は、作者が受けた死の衝撃の経験を深めていく契機となっています。町から遠く離れた小川の上流で自らがかかわった蠑螈の生と死を経験しますが、蠑螈の生と死に同情しながら、蠑螈の身になってその寂しさを感じているのです。作品の基本的旋律をなす「死に対する親しみ」は作品の最後で、「生きている事と死んで了っている事」とが両極ではなく、それほどに差がない気分になったと書かれています。このような〈死と融合し、死のなかに溶けこむ〉気分に到達することによって作品は完結を見ているのです。そのような気分は、どのような精神の状態から生じているのでしょうか。作者はつぎのように書いています。

もうかなり暗かった。視覚は遠い灯を感ずるだけだった。足の踏む感覚も視覚を離れて、いかにも不確かだった。只頭だけが勝手に働く。それが一層そういう気分に自分を誘って行った。

「自分」はいま、どこか放心したような様子で歩いています。「自分」の思考は勝手にめぐるしく働いており(「只頭だけが勝手に働く」)、意志の統制にしたがわないのです。視覚は遠い灯を感じるだけで、足もとを見る視覚と土を踏む足の感覚は齟齬をきたし、乖離しています。「自分」にいま見えているのは、外界の暗闇と暗闇のなかに浮かぶ遠い灯、内面の、定かではない足の踏む感覚と意志の統制を離れて勝手に働く思考です。それらを「自分」はどうすることもできずにただ見つめているだけです。普段は、「自分」の思考、意志、運動感覚、その他の感覚知覚は〈わたし〉のもとに統合されて働きます。しかし、これらの働きは、いま、統合する中心の〈わたし〉を離れて、ばらばらに解体しているのです。〈わたし〉の解体、それは精神的存在としての〈わたし〉が消滅することであり、〈わたし〉の精神的な死に他なりません。死を認識することは不可能かもしれません。しかし認識する〈わたし〉の死は存在します。それは精神の死として、生のただなかにおいて、たとえば、このようにして生起するのです。引用文に明らかなように、作品の最後で、作者は、自分が経験した肉体的な死の衝撃が、内面化して精神的な死に深化した経緯を語っているのです。
精神的な死というのは、知覚と 思考の働きが消滅する（思考の消滅とともに感覚知覚の働きも消滅する）ことによって、精神的な存在としての〈わたし〉が消滅することを意味します。志賀直哉の場合、その経験はさりげなく控えめに語られていますが、西洋の人間の場合は、考える〈わたし〉の構築が日本人よりもずっと強固なので、その崩壊はもっと振幅の大きい激しい揺れとして現象することになります。ここで、『夜の讃歌』で有名な、ヘーゲルと同時代人の夭折した詩人・哲学者のノーヴァリス（フリードリヒ・フォン・ハルデンベルク（一七七二―一八〇一）が用いた筆名。この筆名はラテン語に由来しますので、一般的にはラテン語風にノヴァーリスと発音されていますが、本人はドイツ語風に第一音節にアクセントを置いてノーヴァリスと発音していたという確かな証拠がありますので、それにしたがいます）の精神的な死の経験について簡単にのべてみたいと思います（詳しいことは拙著『無の比較思想』を参照してください）。

そして、深い夜の闇は／魂を重く覆いつくすのだ／確かな支えが揺れ動く、／確信の拠り所は何もない。／思考は渦を巻き／意志に従おうとはしない。／狂気が迫ってくる、そして誘う／抗しがたい力で。／生命の鼓動はとまる、／感覚はどれもにぶく麻痺している。

（『聖歌』第一〇歌より）

これは、ノーヴァリスが、（百三十年後のハイデガーと同じような）熾烈でラディカルな不安のなかで経験した思考（と感覚の働き）の崩壊（消滅）の事態をうたったものです。このような不安のなかで、「世界がますますよそよそしく（fremd）なり、周囲の事物がぼくにとってますます無関心な（gleichgültig）ものになっていく。それとともに、いま、ぼくのまわりとぼくの内部が、ますます明るくなっていく」とノーヴァリスは語っています（五月二十二日の日記）。fremd（よそよそしい）、gleichgültig（無関心な）というドイツ語を挙げたのは、ハイデガーも同様の事態について同じことばを用いて自らの経験を語っているからです。ハイデガーが「不安の無の明るい夜」と語っていることについてはすでにのべました。このことばは、根源的な不安のなかで経験した思考の無のなかで目撃した夜の明るみという意味でした。ハイデガーもノーヴァリスと同じく、考える〈わたし〉が崩壊するなかで魂の夜（非感覚的な夜）とそこに射す明るみ（光）を目撃しているのです。

再び神秘主義思想の話にもどってきました。神秘主義思想は思考を超えた事態を語るものであり、たんなる思考によってはとらえることができない思想ですが、人間精神の根源における思考のありかたを物語る思想です。人間の思考のありかたは、たんなる思考によっては到達できないにもかかわらず、このような神秘主義思想によって規制されているという側面をもっています。ヘーゲルの『差異論文』の絶対者としての夜と、夜のなかから現れる光についてはすでにお話ししました。夜と光、この二つの事態は、これまでのべてきましたように、思考が消滅（考える〈わたし〉の無化）するという事態のなかで現出します。西田幾多郎の無我（考える〈わたし〉の消滅）の体験もそうです。後年、西田は、偽ディオニシウスの「dazzling obscurity（光り輝く暗闇）」ということばを援用することによって、自らの絶対無の場所を説明しています（『場所』）。

志賀直哉の『城の崎にて』の最終の場面から引用した文章は、主人公（作者）の精神的な死（思考の消滅、つまり、〈わたし〉の解体、すなわち、精神的存在としての〈わたし〉の消滅）を表現したものであるとのべました。あまり知られていないことだと思うのですが、志賀直哉はこのような思考が消滅するという経験のなかで精神の根源に現出する夜と光を目撃しているのです。その証拠として、『城の崎にて』が発表された翌年の一九一八年に一月に志賀直哉が『夜の光』という書名の短編集を刊行しているという事実をあげることができます（『城の崎にて』はこの短編集のなかに収録されていますが、この短編集のなかに『夜の光』という作品があるわけではありませんし、そもそもそのような書名の作品が書かれたという事実はないのです）。それだけではありません。『城の崎にて』の執筆直後に志賀直哉は『和解』という作品を書いています（『城の崎にて』の執筆は一九一七年四月、『和解』の執筆は同年九月。翌年一月刊行の『夜の光』に、『和解』も『城の崎にて』とともに収録されています）。『和解』は長年、不和・対立の状態が続いた父と和解することができた経緯を書いたものです。この作品の最後は、主人公の叔父が和解の成立を祝って書き送った、『碧巌録』（中国の禅宗の語録）五一則の「頌」の「東西南北帰去来《とうざいなんぼくかへりなんいざ》／夜深《よぶかくして》　同《おなじく》　見《みる》　千《せん》　岩雪《がんのゆき》」ということばを引用して終わっています。このことばによって、作者は父との和解の成立がどのような精神の深みで成立したのかを語っているのです。「頌」の前半をふくめて引用します。

明暗双双《めいあんそうそう》底《ていの》時節《じせつ》／同条生也《どうじょうせいや》共相知《ともにあいしる》／不同条死《ふどうじょうし》　環　殊絶《かえってきわだつ》／環殊絶《かえってきわだつ》／［……］／南北《なんぼく》
東西帰共来《とうざいかえりなんいざ》／夜深《よるふかくして》　同《おなじく》　見《みる》　千《せん》　岩雪《がんのゆき》

拙訳を示します。

明るみと暗闇が同時に存在するとき／生を同じくすることを互いに知る／死を同じくするのではないことがかえって際立つ／かえって際立つ／［……］／南の人、北の人、東

の人、西の人、さあ故郷に帰ろう／深い夜（の闇）のなかに、共に眺める、千山の雪（の明るみ）を

志賀直哉の引用では「東西」と「南北」が入れ替わっていますが、意味に違いはありません。思考が消滅して（思考の覆いがとれて）人間の精神の根源が開けるとき、「明るみと暗闇が同時に存在」する光景が現出します。「頌」の末尾の「深い夜（の闇）のなかの千山の雪（の明るみ）」はその事態を視覚的な光景として表現したものです。そこは人間が帰るべき故郷です。人間は本来そこから生まれ出たのです。精神の極限に存在するその故郷には深い夜の暗闇があり、その闇のなかにほのかに白い雪のように明るみがさしています。その明るみに照らされてすべての生あるものが一体のものであることが知られます。死は、明るみをつつむこの深い夜の闇のなかに消えることであり、その行方は知れません。生命あるものは生において一つであり、死において孤絶しています。志賀直哉は、『和解』の最後の場面で長年にわたる父と子の不和の解消（和解）が、深い夜のなかで千山の雪の明るみをともに見ることにもとづくと、叔父から届いた手紙の形を借りながら、書いているのです。

ちなみに、父と和解した翌年の一月に、すでにのべましたように、『夜の光』という書名の短編集が刊行されています。「夜の光」というのは夜の明るみのことです。短編集のペー

ジを開くと、右ページの上の欄に書名の「夜の光」の文字が、左ページの上の欄に当該作品名が、同じ大きさ（本文の文字よりも一段と大きな文字）で印刷されています。『和解』は収録作品の一番最後に置かれています。そして、この『和解』の最後の見開きのページの右上には「夜の光」という大きな文字があり、そのすぐ下のページの最後に『碧巖録』の「東西南北帰去来／夜深同見千岩雪」ということばが印刷されています。左ページにはそれに続く「という古詩の興を感ずる云々」という作品の最後の一行が印刷されており、あとは空白、その上に作品名の「和解」という大きな文字が置かれています。この配置は偶然ではないでしょう。さりげない見事な配置だと言わねばなりません。

『暗夜行路』は志賀直哉が書いた唯一の長編小説ですが、書かれたのは、一九二一年から一九三七年にかけて、十六年間という長い年月が経過しています。この作品の主題は、端的に言えば、自然と対立して苦しんでいた〈わたし〉が自然と和解することによって救済されるという、〈わたし〉の救済の物語です。作者は『和解』で肉親の父親との和解を、『暗夜行路』で自然との和解を書いているのです。後で引用しますが、作品の最後の大山の場面は一九三七年に書かれています。すでにのべましたように作者が実際に大山を訪れたのは一九一四年のことであり、その後再訪することはありませんでした。この一九一四年に志賀直哉は「大山の十日間は自分には忘れられない。この間に思ったり、仕たりした事の意味をいまにハッキリさすつもりだ」と語っていますが、当時の決意を二十三年の歳月を経て果たすことができたのです。

『和解』のなかで志賀直哉は、長年続いた父との不和のなかで経験した心の旅路を「長い長い不愉快な旅」と表現していますが、『和解』のなかにはその旅路のことはほんの一部しか書かれていません。しかし、父と和解した後に、この旅の話は形を変えて作品化されます。それが『暗夜行路』です。この作品を書くにあたって、主人公時任謙作が父の実の子ではなく、祖父と母のあいだに生まれた不義の子である、また、妻の直子が従兄と過ちを犯すなどの虚構を設定して、主人公に託しながら自らの苦悩に満ちた「長い長い不愉快な旅」をたどり直しているのです。

『暗夜行路』前編のなかほどに謙作が船で神戸まで行く場面があります。夜、寝る前にもう一度、外の景色を見ようと思って甲板へ出たときのことです。「真暗な夜で、見えるものは何も」ありませんでした。「只マストの高い処に小さな灯が一つ、最初星かと思った程に遠く見えた」だけでした。誰もいません。強い風が吹いて、「ヒューヽと風の叫び、その風に波がしらを折られる、さあヽというような水音」だけが聞こえました。「船は風に逆らい、黙って闇へ突き進ん」で行きます。「それは何か大きな怪物のように思われ」ました。謙作は「外套にくるまって、少し両足を開いて立って」いましたが、「それでも、うねりに従う船の大きい動揺と、向かい風とで時々よろけそうに」なりました。

彼は今、自分が非常に大きなものに包まれている事を感じた。上も下も前も後ろも左も右も限りない闇だ。その中心に彼はこうして立っている。総《すべ》ての人は今、家《うち》の中に眠っている。自分だけが、一人自然に対し、こうして立っている。総ての人々を代表して。と、そういった誇張された気分に彼は捕えられた。それにしろ、やはり何か大きなくものの中に自身が吸い込まれていく感じに打克てなかった。これは必ずしも悪い気持ちとは云えなかったが何か頼りない心細さを感じた。彼は自身の存在をもっと確かめようとするように殊更《ことさら》下腹に力を入れ、肺臓一杯の呼吸をしていたが、それをゆるめると直ぐ、又大きなものに吸い込まれそうになった。

謙作は「自然に対して立っている」のです。自然に対して立っているということは、自然と対立する謙作の〈わたし〉が存在するということです。謙作の〈わたし〉は自然に対立して存在しています。「上も下も前も後ろも左も右も限りない闇」です。「その中心に彼はこうして立っている」と書かれていますが、〈わたし〉が存在するから、そこに「中心」が成立し、「中心」にいる〈わたし〉の周りに、上下、前後、左右が成立します。「自身の存在をもっと確かめようとするように」というのは、そのような中心としての〈わたし〉の存在をもっと確かめようとするように、ということです。それだけではありません。こうして立っている謙作の〈わたし〉は、「総ての人」が「家の中に眠っている」この夜中に、「自分」が「一人」だけで、「総ての人々を代表して」、「自然に対し、こうして立っている」という「気分」に捕らえられているのです。「総ての人々を代表して。と、そういった誇張された気分に彼は捕えられた」と書かれています。ここで「(総ての人は今、家の中に眠っている。自分だけが、一人自然に対し、こうして立っている。)総ての人々を代表して」というのは謙作が捕えられている気分の内容です。「と、そういった誇張された気分に彼は捕えられた」というのは謙作自身ではなく、謙作を眺めている作者の説明であって、謙作自身にいま、自覚されていることではありません。「誇張された」と作者が言っている内実は、謙作にとって「誇大な」、「不遜な」、「思いあがった」ということを意味します。実際に大山に出かけた四半世紀前に、作者が「大山の十日間は自分には忘れられない。この間に思ったり、仕たりした事の意味をいまにハッキリさすつもりだ。自分は左顧右慮絶えず落ちつかない心持をすっかり落ちつかす事ができた」と語っていることはすでにのべました。そのとき、作者は「私は何も知らなかった。而して只ゴー慢であった。[……]私はどうかして常住にゴーマンな心を持ち得る人間になりたいものだと願った。――何という馬鹿だったろう!」という悔悟の感慨をのべていることものべました。いま作者は、四半世紀後に、そのときの感慨をさりげなく「誇張された気分」ということばで表現しているのです。

『暗夜行路』前編で描写されている、夜の船上の闇のなかの自然と対立する〈わたし〉にたいして、後編の終わり近くの大山登山の場面では、その〈わたし〉が消滅して大自然のなかに解消するというしかたで自然と和解する情景が描かれています。

大山の山腹の宿坊に滞在していた謙作は同宿の仲間に入れてもらって一緒に曙光を見ようと夜中に頂上を目指します。しかし、途中で疲労のため、皆についていくことができなくなり、一人残ることにしました。彼は萱の生えた草むらに山を背にして腰をおろします。「遠く上の方から、今登って行った連中の『六根清浄、お山は晴天』という声が二三度聴えて来」ました。「それからはもう何も聴えず、彼は広い空の下に全く一人になり」ました。「冷々とした風が音もなく萱の穂を動かす程度に吹いて」いました。

疲れ切ってはいるが、それが不思議な陶酔感となって彼に感ぜられた。彼は自分の精神も肉体も、今、この大きな自然の中に溶込んで行くのを感じた。その自然というのは芥《け》子粒《しつぶ》程に小さい彼を無限の大きさで包んでいる気体のような眼に感ぜられないものであるが、その中に溶けて行く、——それに還元される感じが言葉に表現出来ない程の快さであった。何の不安もなく、睡い時、睡《ねむり》に落ちて行く感じにも多少似ていた。〔……〕大きな自然に溶込むこの感じは彼にとって必ずしも初めての経験ではないが、この陶酔感は初めての経験であった。これまでの場合では溶込むというよりも、それに吸込まれる感じで、ある快感はあっても、同時にそれに抵抗しようとする意志も自然に起るような性質もあるものだった。しかも抵抗し難い感じから不安をも感ずるのであったが、今のは全くそれとは別だった。彼にはそれに抵抗しようとする気持ちは全くなかった、そしてなるがままに溶込んで行く快感だけが、何の不安もなく感ぜられるのであった。
静かな夜で、夜鳥《よどり》の声も聴こえなかった。そして下には薄い靄《もや》がかかり、村々の灯《ひ》も全く見えず、見えるものといえば星と、その下に何か大きな動物の背のような感じのするこの山の姿が薄く仰がれるだけで、彼は今、自分が一歩、永遠に通ずる路に踏出したというような事を考えていた。彼は少しも死の恐怖を感じなかった。然し、若し死ぬならこのまま死んでも少しも憾《うら》むところはないと思った。然し永遠に通ずるとは死ぬ事だという風にも考えていなかった。

引用が長くなりました。中ほどの「大きな自然に溶込むこの感じは彼にとって必ずしも初めての経験ではない」というのは、前編の神戸に行く途中の船上の夜の闇のなかで感じた、自然と対立する〈わたし〉のことを言っています。夜の闇のなかで船の甲板に立っていたときに謙作は「自分が非常に大きなものに包まれている」のを感じていました。しかし、謙作の〈わたしは〉その「何か大きなくものの中に」「吸い込まれていく」感じがしたのです。その感じは「必ずしも悪い気持ちとは云えなかった」のですが、「何か頼りない心細さ」を感じるものでした。何故そう感じたのかと言えば、謙作が自身の〈わたし〉に、意識してはいませんでしたが、固執する気持ちがあったからです。それと対比して、謙作がいま感じている「陶酔感」は「初めての経験」でした。この陶酔感は、謙作の〈わたし〉が「大きな自然の中に溶込んで行く」感じ、つまり、謙作の〈わたし〉が消滅し、大自然のなかに溶解していくことから生じているのです。謙作は「今、自分が一歩、永遠に通ずる路に踏出したというような事を考えていた」と書かれています。何故、「永遠に通ずる路に踏出したというように」感じたのかと言えば、〈わたし〉の消滅によって時の流れが止まる（時が流れなくなる）からです。前編の神戸に向かう夜の船上では、〈わたし〉が存在しているから、〈わたし〉を中心にして空間的な上下、前後、左右が成立するとのべました。中心となる〈わたし〉が消滅すれば、空間的な上下、前後、左右も消滅します。この〈わたし〉の消滅によって時の流れの前後も消滅し、時は流れなくなります。また、「少しも死の恐怖を感じなかった」と書かれています。それは、〈わたし〉が消滅することによって、〈わたし〉の死の恐怖

〈消滅の恐怖〉も消滅するからです。ここで「永遠」と言われているのは、〈わたし〉の消滅によって、時の流れが消滅し、〈わたし〉の消滅の可能性そのものが消滅することを意味しています。

『和解』に書かれている肉親の父との和解も、『暗夜行路』に描写されている自然との和解も、それをもたらしたのは『和解』と同じ年の一九一七年に執筆された『城の崎にて』に書かれている精神的な死（考える〈わたし〉の消滅）の経験でした。『和解』ではそのとき目撃した光景を「夜深くして同じく見る千岩の雪」の光景として、『暗夜行路』では大山の夜明け前の美しい光景として描写しているのです。ちなみに、夏目漱石は晩年に「則天去私」の境地を求めて、果しえず亡くなりましたが、志賀直哉の場合は、『城の崎にて』に描かれているように、〈わたし〉が消滅することによって、〈わたし〉を去り（去私）、『暗夜行路』に描かれているように、大自然のなかに〈わたし〉が溶けこむことによって、大自然に即すること（則天）が実現しているのです。

ここで、肉親の父および自然との和解が成立する前後の志賀直哉の宗教観（神についての考えかた）について見ておきたいと思います。まず、成立以前の一九一一年（志賀直哉満二十八歳）の日記にはつぎのような記載があります。

自然を神とするより、自然の法則に変則［……］を望む時に自分は神という事を要求する。運命とか自然を変える力のあるものを神とする場合にのみ、単純な頭で心やすく信じることができる。

（一月十六日）

つぎに成立以降、ずいぶん時間は経っていますが、六十六歳のときのことばを引用します。

人間が頼り得るもっとも確かなものとしてはやはりこの自然だと思う。文学、美術の上の運動も色々あるが、やはり自然というものを手繰って行くより他に途はないと思う。稀にそうでないものも出る事があるが、それはそれだけのもので、発展という事がない。

何にしても感じが不自然だというものは美しくない。

形のある神を自分は信じない。そんなものはあり得ない。それは神という言葉の意味にも依るけれども、僕はまあ無神論者だ。

（「わが生活信条」全集七）

二つの信条のあいだには一八〇度の転回が見られます。この転回が明確な姿をとって現れるのは一九一七年のことですが、その詳細はここでは残念ながら省略せざるをえません（興味のある方は拙著『ひき裂かれた〈わたし〉』の二四二頁以下を参照してください）。

この転回は『暗夜行路』における、前編の神戸に向かう船上の〈わたし〉のありかたと後編の大山の山腹における〈わたし〉のありかたの違いに対応しています。前編の考える〈わたし〉は「自然に対して」立っていました。自然は〈わたし〉の対象として〈わたし〉と対立して存在しているのです。後編では考える〈わたし〉は「大自然の中に溶け込んで」います。「自然を変える力」は、考える〈わたし〉が自然を対象として、自然に対して立つことによって成立します。「大自然の中に溶け込んで」いる〈わたし〉からはその力は出てこないのです。なぜなら「自然を変える」ことは「不自然」なことだからです。

志賀直哉の青年時代の〈わたし〉の歩みは、切り立った崖の上の狭い尾根道を手探りで歩くような、蹉跌に瀕した危うい歩みでした。芥川や太宰は蹉跌の迷路に飲み込まれて命を絶つことになりましたが、志賀直哉は危機を切り抜けることに成功したのです。その道しるべとなったのは、一九一二年の日記に記されているつぎのような心構えです。

「感情から生まれた思想か、さもなければ考察から生まれた思想がその人の感情となるまではその人の思想ではない」こんなことを思った。

感情と思想と全く離れたなりの人が多い。

（三月二十九日）

『暗夜行路』のなかにも「彼は考えた――彼の感情はなかなかそこまでは行かなかったけれども」という一節があります。感情が思考にまで届いて、考えが感情になるべきだというのです。志賀直哉の精神的姿勢には、感情を試金石にして思想の真と偽を判断するというところがあるのです。このような姿勢は、感情だけに重点を置いて思想を見るという方向だけに限定されていたので、思想が狭くなるという弱点をもっていました。感情は思想――正確に言えば、思想を生み出すものとしての思考――によって広がりをもち深まっていき、そのことによって感情に支えられた思想が広がり深まっていくという、思考の能動性（思考の変革する力）を認めるもう一つの方向を同時に認めなかったからです。

しかし、志賀直哉のこのような姿勢は日本の近代から現代にかけての知識人の精神の歩みにおいて際立った有効性をもつものでした。明治時代に入って西洋の思想や文化が日本に奔流となって入ってきました。そのなかで、志賀直哉が言うように「感情と思想と全く離れたなりの人」が、特に知識人とよばれる人のなかに、多く見られるようになりました（日本人の精神構造を階段のない二階家にたとえたレーヴィットの話はすでにしました）。そういうなかで、西洋と日本の間に生じた迷路の懸崖のなかに飲み込まれていった人もでてくるのです。『暗夜行路』の大山の場面に描かれている、大自然のなかに〈わたし〉が溶け込んで安らぎをうるという姿は、日本の伝統的な〈わたし〉のありかたを示しています。志賀直哉の青年時代の〈わたし〉の彷徨は、日本の伝統的な〈わたし〉のありかたに帰着することによって終結し、心の安定を見ることができたということができます。このようなありかたから、西田幾多郎が「現実そのまま」ということを強調するように、志賀直哉は「事実ありのまま」ということを大切にするのです。

先ほど『碧巌録』の五一則の「頌」のことばを引用しました。ここに語られている「明るみと暗闇が同時に存在する」光景、視覚的にたとえれば「深い夜（の闇）のなかの千山の雪（の明るみ）」という光景は、東洋（日本）で経験された神秘的光景です。すでにお話ししましたように、ハイデガーは思考が消滅したとき（悟性に別れを告げたとき）に「不安の無の明るい夜」を経験していますし、ヘーゲルは思考が無化したとき（悟性が没落したとき）に「魂の内なる夜」とそこに射す「光」を目撃しています。思考が消滅し、思考することが止んだときに現出する根源的な光景は洋の東西に共通する神秘的な光景です。人間精神の根源に存在する神秘的な光景に東西の違いはありません。東西の違いが生じるのはその光景にどのように対処するかによるのです。

わたしたちはいま、この根源的な光景の現場に立ち会っています。志賀直哉、西田幾多郎、ハイデガー、ヘーゲルは思考が消滅したときに現出するこのような精神の根源的な光景を目撃しているのですが、思考がまた復活したときに彼らはその目撃した光景にどのように対応しているでしょうか。復活した思考と目撃した根源的な光景とがどのような関係にあるのか、それぞれの思想家に関して見届けることにしましょう。

まず西欧のハイデガーとヘーゲルについてお話しすることにします。すでにこの二人についての話をしましたが、その際にお話ししたのは、悟性（対象的に考える〈わたし〉）の消滅（無）という二人に共通する経験のことでした。しかし二人には決定的な違いが存在します。ここではその違いについてのべたいと思います。

ヘーゲルは『論理学』のはじまりの章で、悟性的思考の消滅（無）と悟性的思考の復活（有）、簡単に言い換えますと、悟性の無から有への移行、について語っています。その経験について語っているのは、消滅（無）から復活した悟性です。消滅（無）から復活した悟性はたんなる悟性ではありません。この悟性は消滅した（無の状態に至った）ときに、夜と光のなかで、絶対的なもの（絶対者）に出会った後でまた復活した悟性なのです。絶対的なもの（絶対者）に出会った後でまた復活した悟性のことを理性（的思考）とよびます。理性というは、消滅（無）のなかで絶対的なものに出会ったことを自覚している悟性なのです。言い換えますと、悟性（対象的に考える〈わたし〉）の限界（相対性）を知っているのが理性（的思考）です。理性は、悟性が消滅し（無）、そこから復活する（有）という移行を自覚することによって、復活した悟性を認知する、言い換えますと、復活した悟性の働きが自らのものであると自覚（復活した悟性の働きを自らのものとして獲得）することができるのです。理性が悟性を止揚するというのは、このようにして自らの理性的思考のなかに悟性（対象的に考える〈わたし〉）を位置づけるということを意味します。

悟性が思考として現実を変える力をもつことができるのは、自らの働きの中心となる固定した基軸（軸足）をもつことによります。その基軸（軸足）に依拠することによって、悟性は現実に立ち向かうことができるのです。そのような悟性を確立したのはデカルトです（デカルトがこの基軸のことをアルキメデスの点になぞらえているのを思い出してください）。悟性の働きの拠点となる基軸については、デカルトと同時代につくられたヴェルサイユ宮殿の庭園における中心点としての基軸を思い浮かべていただければ、わかりやすいと思います。理性が悟性を認知するというのは、基軸（軸足）に依拠することによって働く悟性が、漂流して恣意的に働くのを防ぐために、どこに基軸（軸足）を定めるかを決定する、言い換えますと悟性を自らの監視下に置き、悟性の働きを規制する、ことを意味します。

ヘーゲルは、復活した悟性のことを自覚しているという話をしました。ヘーゲルの理性的思考は、悟性的思考（対象として考える〈わたし〉）としての理性的思考です。ヘーゲルにおいて働く悟性は、その存在が自覚され、認知されていることによって、理性のもとにおいて働き、自らの限界を知っている、自覚した悟性なのです。ハイデガーの場合はどうでしょうか。ハイデガーにも悟性（対象的思考、すなわち、対象として考える〈わたし〉）の消滅の経験（無の経験）があります。ハイデガーはその経験を「悟性に別れを告げる」経験として語っています。ハイデガーは、悟性に別れを告げた（無を経験した）ままで、その状態にとどまっていたわけではありません。ふたたび悟性は復活しているのです（そうでなければ、その経験について語ることはできないでしょう）。しかし、ハイデガーにとっては、悟性に別れを告げたという自覚しかなく、消滅した悟性がまた復活した（その復活した悟性によって、自らの悟性の消滅の経験について語っている）という自覚が欠如しているのです。復活した悟性についての自覚が欠如しているハイデガーは、当然のことですが、復活した悟性を認知するということがありません。するとどうなるでしょうか。ハイデガーの復活した悟性も理性（的思考）です。なぜなら、悟性が消滅した（無）のなかの夜と光のなかで、絶対的なものを目撃しているからです。ハイデガーの場合は、ヘーゲルとは違って、自らが経験した消滅（無）の事態について語りながら、語るときに働いている悟性についての自覚が欠如していますので、その悟性が認知されることはないと言いました。理性によって認知されていない悟性には、理性の目が届くことがありませんので、悟性は盲目的に働くようになります（ハイデガーには、デカルトの悟性を批判することはあっても、ヘーゲルのようにそれを自らの思考のなかに位置づけるということはありませんでした）。対象的思考としての悟性が働く基軸（軸足）は、理性の監視下にはありませんので、思いのまま自在に働くようになるのです。ハイデガーの場合は、こうして、対象的思考としての悟性が、基軸（軸足）をどこに置いているかという自覚が欠如したまま、盲目的に、基軸（軸足）ごと時流に乗って漂流する（流される）ということになります。このようなハイデガーの思考のことをわたしは「無へ頽落した」思考であるとのべました（拙著『無の比較思想』）。ハイデガーのナチズムへの賛同と加担は、時流に流された、思いつきの（ハイデガーの本来の思想にそぐわない、という意味ですが）このような思考によるものであるように思われるのです。

話を日本のことにもどすことにします。西田幾多郎は、すでにのべましたように、考える〈わたし〉の消滅（無我）を経験しており、その経験のなかで絶対的なもの（絶対無）を目撃しています。西田の思考は理性的思考です。しかし、西田には、その考える〈わたし〉の消滅（無我）について語るときに働いている思考が、〈わたし〉が消滅（無我）した後でまた復活した悟性的思考であるという自覚がないのです（すでにのべましたように、経験した消滅（無我）について語ることができるのは、消滅（無我）から復活した悟性的思考が存在するからです。思考が消滅したままであれば、つまり無我のままであれば、自らの消滅（無我）について語ることはできないわけです）。事情はハイデガーの場合と同じです。西田の思考は理性的思考であると言いましたが、その理性的思考には、働いている自らの思考が、いったん消滅した無我という事態からまた復活した悟性的思考であるという自覚が欠如しています。自覚が欠如しているということは、消滅（無我）について語る悟性的思考が認知されることがないということです。悟性的思考は、認知されることなく、理性的思考の監視の目を逃れて、思いつくままに、自在に、盲目的に働くことになります。西田も、ハイデガーと同様に、思考（対象的思考として働く悟性）が基軸（軸足）をどこに置いているかという自覚が欠如したまま、基軸（軸足）ごと時流に乗って漂流するということになります。後年西田は、戦時体制が進行するなかで、「我々日本人の強い憧憬の境地」は「己を空うしても のを見る、自己が物の中に没する」ことである、とのべています（『日本文化の問題』、一九四〇年。この年、西田は文化勲章を受章しています）。処女作『善の研究』の思想と一見すると違いがないように見えますが、このことばは、滅私奉公の考えに支えられて天皇制や国体に賛同し、それを賛美することばとして発せられているのです。西田の思考の基軸（軸足）は無我（考える〈わたし〉が消滅した光景）にあったはずですが、基軸（軸足）の自覚が欠如している西田の思考は、戦時体制が進行するなかで時流に流されて滅私奉公の思想へ変質しているのです。

さらに、西田の場合は、ハイデガーとは違って、働いている思考（対象的思考として働く悟性）は西欧から輸入して身につけた外来の思考であり、日本の伝統的な感性とは異質な基盤から生まれた思考です。レーヴィットが日本人の精神構造を一階と二階が乖離したままで階段のない二階家にたとえていましたが、論理的にもっとも深く考えた哲学者である西田幾多郎でさえ、一階と二階をつなぐ階段となる思考を確立することはできませんでした。その理由は、自らの思考の消滅（無我）から復活した悟性的思考としてその存在を自覚して認知する（反省する）ことがなかったことによると思われます。認知することができれば、その思考を自分の思考であると認識して、自分のものとして獲得することができたはずです。そうであれば、その思考は、由来は西欧の思考であっても、自らの伝統的な感性に根差すものにすることができたでしょう。そうすればレーヴィットが日本人には欠けていると指摘した階段を、日本人の精神のなかにもうけることができたのではないでしょうか。

続けて、志賀直哉についてお話することにします。志賀直哉は日本の文学者のなかで（夏目漱石をしのぐほど）まれに見る深さを生きた文学者です。志賀直哉は、考える〈わたし〉の消滅を経験しています。その経験に導かれて、すでにのべましたように、思考と感性の分裂にひき裂かれて苦悩していた精神の蹉跌の危機を乗り越えることができたのです。志賀直哉は考える〈わたし〉の消滅を経験することによって、対立していた肉親の父と和解し、対立していた自然と和解することができました。もう一度、志賀直哉における考える〈わたし〉の消滅を見直してみましょう。考える〈わたし〉の消滅は、自然と対立して、自然を対象として眺めていた〈わたし〉が消滅して、自然のなかに溶け込み陶酔感を味わうという経験でした。それは、対象として眺めて分析する悟性的思考が消滅し、自然のなかに溶け込んでいくことによって生じています。簡単に言えば、対象的思考が自然のなかに消滅することによって生じているのです。このことは日本の伝統的な思考のありかたに回帰することを意味することになります。志賀直哉は、自然を対象として眺めるという、西欧から輸入して身につけた対象的なものの見かたから脱却して、日本の伝統的な思考に回帰しているのです。このようなしかたで回帰することによって、身につけた対象的思考と日本の伝統的な感性との分裂を超えることができたのです。

大野晋は、もともとの日本語にはヨーロッパ語の「自然」(英語でいえばnature)に相当することばはなかった、と言っています(『日本語の年輪』新潮文庫)。「自然」とは、その外から全体を一つの対象としてとらえたことばです。それは、近代に成立した対象的思考(悟性的思考)によって成立しています。古代の日本人は、そのような見かたをしませんでした。日本語の「山川草木」や「花鳥風月」は自然の内部にいて、個別のものをつなぎあわせてできたことばです。明治になって、「じねん」(おのずからしかり)という意味だった「自然」ということばをnatureの翻訳語として用いるようになったのです。志賀直哉が伝統的な日本の思考に回帰したというのは、「自然」ということばが、翻訳語としてnatureの意味ではなく、本来の「じねん」(おのずからしかり)という意味に回帰したことを意味します。志賀直哉は「事実ありのまま」ということばが好きで、よく用います(例えば『『城の崎にて』これも事実ありのままの小説である。鼠の死、蜂の死、ゐもりの死、皆その時数日間に実際目撃した事だった。そしてそれからうけた感じは素直に且つ正直に書けたつもりである」(「創作余談」)。「素直に且つ正直に書けた」ということばはいかにも志賀直哉らしい言いかたです)。志賀直哉が愛用するこの「事実ありのまま」ということばが、翻訳語の「自然」ではなく、本来の日本語である「じねん」(おのずからしかり)に回帰したことを明確に示しています。

作家としての志賀直哉について小林秀雄がつぎのようにのべています。

物を見るのに、どんな角度から眺めるかという事を必要としない眼、吾々《われわれ》がその眼の自由度を定める事が出来ない態《てい》の眼［……］志賀氏の全作品の底に光る眼はそういう眼なのである。［……］氏の視点の自由度は、氏の資質という一自然によってあやまつ事なく定められるのだ。氏にとって対象は、表現される為に氏の意識によって改変される可きものとして現れるのではない。氏の眺める諸風景が表現そのものなのである。

（『作家の顔』新潮文庫、一九七〇年改版）

志賀直哉が眺める諸風景が表現そのものである、という小林秀雄のことばは、志賀直哉の思考と現実とのかかわりかたを見事に言い当てたことばです。思考と現実とのこのようなかかわりかたによって、志賀直哉は、外来の思考と日本の伝統的な感性との乖離に戸惑い、苦しんだ日本の多くの知識人たちのなかにあって、まれに見る、不動の安定感を示しているのです。しかし、このような思考からは、現実を変える力ないし発想は出てきようがありません。現実を変える力ないし発想を生み出す対象的思考を放棄することによって、この安定感はえられたのですから。志賀直哉は、言わば、レーヴィットが言う階段のない二階家を平屋建てに変えることによって、階段の必要性をなくし、階段のないことから生じる不安定な問題を回避することができたのだと言うことができるかもしれません。

志賀直哉と言えば、アジア・太平洋戦争の敗戦の翌年に発表された「国語問題」の文章が識者によって批判されます。アジア・太平洋戦争の敗戦によって、戦時下の体制が崩壊して生じた混乱と変化の流れのなかで、志賀直哉は日本人の母語を、この際「不完全で、不便な」日本語をやめて、「世界中で一番いい言葉、一番美しい言葉」である明晰なフランス語に変えたらどうかと提案したのです。長年日本語による創作に携わってきた志賀直哉にとって、日本語はあいまいさを許容する「不完全で、不便な」ことばであるというのは作家としての痛切な実感だったのかもしれません。このような実感から、志賀直哉は母語をフランス語に変えたらどうかと思いついたのでしょう。個人の実感的な思いつきが容易に日本全体の問題に飛躍しているわけですが、志賀直哉において生じているこの飛躍は、「事実ありのまま」という発想をする志賀直哉にとってごく自然なことだったのかもしれません。

ハイデガー、西田幾多郎、志賀直哉とは違ってヘーゲルには、無からまた復活した思考についての明確な自覚（認知）が存在します。『論理学』の第一章の、「有（Sein）、無（Nichts）、成（Werden）」における「有（Sein）」がそのことを示しています。すでにのべましたように、ヘーゲルは「絶対的な無を認識することが」「哲学の始まりである」と語っています（本書六六頁）。哲学の始まりとしての絶対的な無というのは、これもすでにのべましたように、悟性的思考の無のことです。この無（悟性的思考の無）を認識するのが、無からまた復活する有（悟性的思考の有）なのです。『論理学』の最初に置かれている有というのは、無（悟性的思考の無）を認識しようとする有（悟性的思考の有）なのです。この有は純粋有です。

「純粋」であるというのは、思考がいまだ単純で空虚であり、そのような思考によって認識される絶対者（無）の有もまた単純で空虚であるということを意味します。純粋有（純粋思考）というのは無（思考の無）から有（思考の有）へ移行したばかりの思考、無ではなく有として成立したばかりの思考のことですが、ガーダマーはそのような思考を（そのような思考は存在しないという否定的な意味で）「空虚な思考」とよんでいます。ガーダマーによれば「空虚な思考とは、思考が本来それであるところのものではいまだ全然ないような――そのような思考にほかならない」ということです（ガーダマー「ヘーゲル論理学の理念」安井邦夫訳、『弁証法の根本問題』晃洋書房）。「純粋思考」（「空虚な思考」）とは、つまり、いまだ思考ではないような思考のことなのです。ヘーゲルは「空虚な思考」を肯定的な意味で用いており、無から有へ移行したばかりの、有として成立したばかりの思考をそのようによんでいるのです。すでにのべましたように、ヘーゲルはそのような純粋有（純粋思考）が「論理学全体の根拠をなし」「接続する全過程の根底にあり続け、そこから消え去ることはない」と言っています（本書六七頁）。『論理学』全体の根拠をなす純粋思考（純粋有）が「空虚」であるというのは、未規定である（いまだ規定されていない）という意味であって、内容が何もないということではないのです。『論理学』は、このような純粋思考（純粋有）が自己を（弁証法的に）生成する思考として展開することによって充実した諸規定を必然的なしかたで獲得することによって完成するのです。

『論理学』第一篇の第一章「A．有（Sein）」はつぎのようにはじまっています。「有（Sein）、純粋有（reines Sein）――それ以上のいっさいの規定をもたない。有は無規定の直接性のなかにあり、自分自身に等しいだけであって、他のものにたいして等しくないということもなく、自分の内部においても外に向かっても差異をもたない」。以下の叙述は省略しますが、ヘーゲルは別の個所で、「有は単純な直接性である」とのべた後で、「(単純な直接性という) この表現はすでに反省の表現であり、媒介されたものとの区別に関係しており、それ自身反省的表現であるから、真の表現は純粋有である」とのべています（Bd. 5, S. 68)。引用文の「無規定の直接性」も全く同様であり、また「自分自身に等しい」という自己同等性も同じく反省的表現です。

では、ヘーゲルが「有」にかんする「真の表現」であるという「純粋有」は反省的表現ではないというのでしょうか。第一篇の第一章「A．有（Sein）」の冒頭で、「有」は「純粋有」であるとのべられていますが、この「純粋有」も実は反省的表現なのです。「純粋有」すなわち純粋思考は、いまだ有（思考）ではないような有（思考）です。有としてのそのような思考が、自分自身について思考し、自分自身を「純粋有」として把握することは不可能です。「純粋有」であるという規定は、「純粋有」自身によって行われているのではありません。「純粋有」という規定を行っているのは、それを外から眺めている反省的思考なのです。

この反省的思考はどのような思考なのでしょうか。ヘーゲルはこの思考のことを「外的および内的反省」（die äußere wie die innere Reflexion）とよんでいます（Bd. 5, S. 104）。この反省的思考は外的であると同時に内的でもあるというのです。内的であるというのは、この外的思考が「純粋有」としての思考に内的に根差しているということです。つまり、「純粋有」に根差しながらそれを外から（外的に）眺めているということです。思考が消滅し、また復活したという事実（思考が無へ移行し、無から有へ移行したという経験）がまず存在します。「外的および内的反省」というのは、その経験を想起する（erinnern 内化する）なかで、復活した思考（純粋有）を、その後から（nach）、それに従い（nach）ながら、追究する（nach）思考（Denken）のことであり、ヘーゲルはこのような「内的反省」と連動する「外的反省」（「外的および内的反省」）のことを「追思考」（Nachdenken）ともよんでいます。

先ほど『論理学』第一篇の第一章「A. 有（Sein）」に関する叙述の冒頭の部分を引用しました。叙述はこの引用の先にも続きます。その叙述は、「外的および内的反省」すなわち「追思考」によってなされているのです。「外的および内的反省」における「外的反省」によって、「内的反省」としての「純粋有」は「B. 無」、「C. 成」の叙述へと展開し前進しますが、この前進は、「内的反省」と連動している「外的反省」にとっては「純粋有」としての「内的反省」へ後退するということを意味します。ここには、前進することが後退することへの、後退することが前進することへの「循環運動」が存在しています。「哲学における前進はむしろ後退であり、また、根拠づけ（ること）である」というヘーゲルのことばはこのような連関を意味しています。先にある純粋思考としての「内的反省」が前進するということは「外的および内的反省」における「外的反省」が後退するということであり、「外的反省」を根拠づけることになるのです。ヘーゲルは「学の全体は、自己自身の内部における循環運動であり、この運動のなかで最初のものが最後のものに、そしてまた、最後のものが最初のものになるのである」と語っています（Bd. 5, S. 70)。『論理学』は、いまだ無既定の絶対者（神）が最初にあり、すでに十全に規定された絶対者（神）が最後に置かれるという構成（構造）になっています。ヘーゲル哲学の構造全体を貫くのは循環する思考の運動であり、このようなしかたで生成する思考の運動によって、哲学全体が生成する運動として形成されるのです。

ヘーゲルは循環する運動を生み出す「追思考」について「有と無にたいしてより深い諸規定を見出すところの追思考は、論理的な思考なのであり、この思考によって諸規定は偶然的にではなく、必然的なしかたで生み出されるのである」とのべています（Bd. 8, S. 187)。追思考が生み出す諸規定が、偶然的ではなく、必然的であり、この思考が論理的でありうるのは、この思考が「外的および内的反省」だからなのです。追思考は、「外的および内的反省」が生み出す循環運動のなかで、「それ自身によって、また、それ自身の内から、現にあるところのものになる」のです。追思考は外的反省でありながら、内的反省として事柄に内在しているがゆえに偶然的ではなく必然的でありうるのです。

思考の無についてお話してきましたが、ヘーゲルもハイデガーも思考の無を〈わたし〉の死であるとみなしています。思考の無とは思考の消滅のことであり、つまり、考える〈わたし〉の消滅、すなわち、生のただなかにおける〈わたし〉の死を意味しているのです。思考の無を経験したハイデガーは、思考が無から有へ復活した後で、思考の無を取り上げ、それについて「無が有る」と論じているわけですが、論じているその思考そのものが、ひとたび消滅して「無」と化した思考がまた復活した思考である（「思考の有」である）という自覚が欠如しているのです。ハイデガーは「思考の無」、「思考の有」という事態において、「思考」にではなく、「無」と「有」に真理を見出しているのであり、それを見出している思考を認知することはないのですが、ヘーゲルは「思考の無」、「思考の有」という事態において、「思考」が「無」と化し、ふたたび「有」へと移行したという（「成」の）「思考」そのものに真理を見出したということができるのです。ヘーゲルが『論理学』の始まりの「A．有（Sein)、B．無（Nichts)、C．成（Werden)」の章でのべているのはそういう事実です。冒頭に語られている「純粋有」というのは、〈わたし〉が無に直面して有る（生きている）と語っているのです。それがどのようなことなのかさらに考えてみることにしましょう。

「純粋有」の意味を考えているときに、偶然、『毎日新聞』の読書欄で寺澤行忠の新刊『西行——歌と旅と人生』（新潮選書）を論じている磯田道史の文章に出会いました（二〇二四年四月六日朝刊）。その話からはじめることにしましょう。磯田は「西行がこれほど日本人の心の琴線に触れるのは」、「西行が日本的な自由人の生き方の典型を示した」からであるとのべています。「人生は無常である」。現実は時の経過のなかですべてが移ろい変化してゆきます。そこで西行は、不変なものを求めるのをやめて、「無常を自覚して（生きる）生き方のほうが自由になれると考えた」と磯田は言います。このような考えから西行の「（自己を）捨て（ることによって）逆に自由を得る」という死生観が誕生したというのです。この死生観は、すべてが流れ去り、移ろいゆくのを受け入れる、「自然に身を委ね自他を区別せず、宇宙と混然一体化する循環の中に生きる」死生観です。西行が示しているのはこのような死生観であり、自然の移ろいを「美しいと感じる日本的心性である」。この死生観は「ピラミッドのミイラの如く、干からびてでも個体を保ち再生しようなどとは考えない」。西行の死生観は多くの日本人の共感を得た。旅に生きた西行は「旅で得る心の自由を日本人に広めた」。「西行は今も人々の心の中にいる」と磯田は語っています。

多くの人が磯田の文章に共鳴するでしょう。わたしも共鳴する一人です。しかし、ヘーゲルの「純粋有」について考えているうちに、手放しで共鳴することにわだかまりを感じるようになりました。なぜなのか、その理由について考えてみたいと思います。

その手掛かりとして志賀直哉をとりあげることにします。志賀直哉についてはすでにお話ししたわけですが、もう一度部分的にくりかえします。

志賀直哉は山手線の事故で瀕死の重傷を負いました。事故のとき志賀直哉を襲ったのは激しい肉体的な死の衝撃でした。しかし、『城の崎にて』に書かれているように、後養生のために訪れた城崎温泉に滞在している今は、事故のときに感じた死の衝撃は嵐の後のように静まってしまって、心は不思議に落ちついているというのです。静まってしまったこの心境には、生きているという実感はあまりなく、生よりは死のほうが身近であり、死のことを考えていると、淋しいけれども、恐怖を感じるどころか、「静かないい気持ちがする」と書かれています。作者が感じているのは「死に対する親しみ」です。この心境は『城の崎にて』という作品の基本的旋律をなしています。

作品の最後に、驚かせようと思って投げた石が偶然当たってしまって、蠑螈《いもり》があっという間に死んでしまったという場面が描かれています。作者は、死んでしまった蠑螈から衝撃を受けるのですが、生は関心の外にあり、ひたすら身近な死の実感にとらわれている作者の気持ちは、生きていた蠑螈を殺してしまった（死んだ）という自責の念に向かうことはないのです。なぜなら、生きていた蠑螈と死んだ蠑螈とを区別する意識が希薄だからです。作者は、山手線の事故で瀕死の経験をした自分の経験と重ねながら、蠑螈の死に同情するだけなのです。そして、蠑螈の身になってその寂しさを感じるのです。「死に対する親しみ」という作品の基本的旋律は作品の最後で、つぎのような帰結に到達します。

自分が出会った蜂、あの鼠、そして蠑螈、みんな死んでしまった。「死ななかった自分は今こうして歩いている」、そう思うのです。

自分はそれに対し、感謝しなければ済まぬような気もした。然し実際喜びの感じは湧き上がっては来なかった。生きている事と死んで了っている事と、それは両極ではなかった。それ程に差はないような気がした。

作品のはじめに提示された「死に対する親しみ」という基本的旋律は、作品の最後に、「生きている事と死んで了っている事」は「両極ではない」、「それ程に差はない」という気分に到達します。これは、死のなかに溶け込み死と融合する気分です。そのような気分が生じているときの精神の状態を作者はつぎのように描いています。

もうかなり暗かった。視覚は遠い灯を感ずるだけだった。足の踏む感覚も視覚を離れて、いかにも不確かだった。只頭だけが勝手に働く。それが一層そういう気分に自分を誘って行った。

この描写について、思考が崩壊し消滅した精神の死について語っている描写であるという話はすでにしました。同じ年に書かれた『和解』の最後の場面で、志賀直哉は『碧巖録』五一則の「頌」のことばを引用しています。これは、『城の崎にて』の最後に描かれている、思考が崩壊し消滅したときに目撃した光景を、『碧巖録』のことばに仮託して描いているものです。もう一度繰り返してみます。

明暗《めいあん》双双《そうそう》底《ていの》時節《じせつ》／同条《どうじょう》生《せい》也《や》共《ともに》相知《あいしる》／不《ふ》同条《どうじょう》死《し》 環《かえって》殊絶《きわだつ》／環殊絶《かえってきわだつ》／［……］／南北《なんぼく》
東西《とうざい》帰共来《かえりなんいざ》／夜深《よるふかくして》 同《おなじく》 見《みる》 千《せん》 岩雪《がんのゆき》

明るみと暗闇が同時に存在するとき／生を同じくすることを互いに知る／死を同じくするのではないことがかえって際立つ／かえって際立つ／［……］／南の人、北の人、東

の人、西の人、さあ故郷に帰ろう／深い夜（の闇）のなかに、共に眺める、千山の雪（の明るみ）を

思考が消滅して人間の精神の根源が開け、精神がおのれの死に直面するとき、「明るみと暗闇が同時に存在する」光景が現出します。すでにのべたことですが、もう一度くりかえします。「頌」の末尾の「深い夜（の闇）のなかの千山の雪（の明るみ）」はその事態を視覚的な光景として表現したものです。そこは人間が帰るべき故郷です。人間は本来そこから生まれ出たのです。精神の極限に存在するその故郷には深い夜の暗闇があり、その闇のなかにほのかに白い雪のように明るみがさしています。その明るみに照らされてすべての生あるものが一体のものであることが知られます。死は、明るみをつつむこの深い夜の闇のなかに消えることであり、その行方は知れません。生命あるものは生において一つであり、死において孤絶しています。

思考が消滅したときに現出するこのような光景のなかで志賀直哉はどのように対処しているでしょうか。

『城の崎にて』で「生きている事と死んで了っている事」は「両極ではない」、「それ程に差はない」と言われていました。生と死との間に境界がなく、両者が連続している気分、それ

を〈生を去って死と融合し、死のなかに溶け込む〉気分であると言いました。このことは明るみと暗闇が共存する薄明の領域、そこで、生の明るみ（千山の雪の明るみ）と死の暗闇（深い夜の暗闇）が区別されることなく、同一視されて一つになることを意味します。さきほど、『碧巌録』は「死は、明るみをつつむこの深い夜の闇のなかに消えることである。生命あるものは生において一つであり、死において孤絶している」と語っているとのべました。しかし、『城の崎にて』では、作者は、蠑螈《いもり》の死と自分の死を同一視しているのです。この同一視は、「生きている事と死んで了っている事」が「両極ではなく」、「差はない」（生の明るみと死の暗闇が区別されることなく、同一視されて一つになる）ことから生じています。また、『暗夜行路』の最後の大山の場面には、主人公が大自然のなかに溶け込み一体化している情景が描かれていますが、自然のなかに溶け込むというのも〈わたし〉が死と融合し死のなかに溶け込むときに生じるのです。明るみのなかに生きる〈わたし〉と死の暗闇のなかに溶け込む〈わたし〉の区別は、〈わたし〉が消滅し死と融合する（自然のなかに溶け込む）ことによって、存在しなくなるのです。

ヘーゲルの「純粋有」にもどってみましょう。「純粋有」というのは無をくぐり抜けて、自らがそれであった無を認識しようとする思考（純粋思考）です。『碧巌録』に即して言えば、深い夜の暗闇のなかの明るみ（そのもの）によって（立って）深い夜の暗闇を認識しようとする思考であり、明るみによって暗闇のなかで支えられている思考です。『差異論文』でヘーゲルは「絶対者は夜である。そして、光は夜よりも若い。また、光と夜の区別、および光が夜のなかから現れることが、絶対的な差異である」と語っています。夜という絶対者、および、光と夜の区別を明らかにしているのは、夜の暗闇のなかから現れる光（明るみ）です。この光に支えられて、この思考（「純粋思考」）は成立しているのであり、端的に言えば、この光（明るみ）そのものが「純粋有」（「純粋思考」）です。ヘーゲルの場合、光と夜には厳然たる区別があります（その区別は「絶対的差異である」とのべられています。絶対的というこことばの意味はすでに説明しました）。志賀直哉は、深い夜の暗闇と明るみにそれほど差はないように思われたと語っています。暗闇と明るみのあいだに境界がないのです。それが死（自然）に溶け込み死（自然）と一つになるということでした。ヘーゲルの「純粋有」は、明るみと暗闇を明確に区別し、明るみに立脚して暗闇に対峙するものであり、無に直面する人間存在の拠点を構築する思考なのです。「純粋有」としての「純粋思考」は、人間の生の根源を根拠づけ、人間（個人）の尊厳という考え（発想）の根拠となるものです（生と死を同一視して死に溶け込む生からは人間の尊厳という考え（発想）は生まれようがありません）。

このように考えてみますと、磯田道史の『西行――歌と旅と人生』の書評を読んで感じた違和感の内実がはっきりしてくるような気がします。磯田が賛美しているのは、すべてが流れ去り、移ろいゆくのを受け入れ、「自然に身を委ね自他を区別せず、宇宙と混然一体化する循環の中に生きる」という「(自己を)捨て(ることによっ)て逆に自由を得る」という死生観です。〈わたし〉を無にして、自然の移ろいを「美しいと感じる」日本的心性(日本人の伝統的な死生観)を、日本人であるわたしも確かに美しいと感じます。しかし、磯田が言うように「ピラミッドのミイラの如く、干からびてでも個体を保ち再生しようと考える」死生観は醜いものなのでしょうか。わたしはそうは考えません。「個体を保ち再生しようと考える」この死生観は、人間の尊厳(個の尊厳)という思想に連続していくものであり、日本人の死生観とは異なるもう一つの死生観なのです。磯田が賛美する西行と同様の死生観を抱く日本人が、さきのアジア・太平洋戦争のなかでどのような悲惨で無残な状況を経験しなければならなかったかを思い起こせば(後述します)、無邪気に賛美ばかりはしていられない気持ちになるのです。

ついでにのべておけば、戦前、旧制高校などの若い人たちが、好んでうたったという「人を恋うる歌」(与謝野鉄幹作詞)のなかに、「あゝわれダンテの奇才なく/バイロンハイネの熱なきも/石をいだきて野にうたう/芭蕉のさびをよろこばず」という歌詞があります。この歌詞に共感するのを、西洋にかぶれているという人もいるかもしれません。自然と一体になってうたう芭蕉のさびもいいかもしれません。しかし、若い人たちは、自然に溶け込んで〈〈わたし〉を滅却して〉静まってしまう芭蕉のような日本の伝統的な生きかたではなく、自然から明確に区別された人間の精神性を謳歌する西欧の人間の尊厳（ダンテの人間的な偉才、バイロンやハイネの人間的な情熱）を尊ぶ思想、それまでの日本にはなかったこのような新しい思想に憧れの思いを抱いたのではないのでしょうか。

第七章　二つの思考——福島原発事故の裁判をめぐって

さて、ここで話をすっかり転換して、日本の現実のなかで思考がどのようなありかたをしているか考察してみたいと思います。まず、東日本大震災によって起きた福島原発の事故に関する裁判官たちの思考のありかたについて考えてみることにします。二つの裁判をとりあげます。

二〇一一年三月十一日に起きた東日本大震災の地震によって生じた最大一五・五メートルに達する津波によって東京電力福島第一原子力発電所事故が発生しました。あれから十二年が経過しました。最近になってこの事故の責任を問う二つの裁判の判決が出ました。一つは旧経営陣五人（勝俣恒久元会長、清水正孝元社長、武黒一郎元副社長、武藤栄元副社長、小森明生元常務）が「津波対策を怠り、会社に巨額の損害を与えた」として一三兆円を東電に賠償するよう求めた代表株主四十八人による訴訟に対する東京地裁の判決（二〇二二年七月十三日）、もう一つは三人の旧経営陣（勝俣恒久元会長、武黒一郎元副社長、武藤栄元副社長）が業務上過失致死傷罪で強制起訴された東京高裁の控訴審判決（二〇二三年一月十八日）です。この二つの裁判の判決を比較することから話をはじめることにします。それぞれの判決のなかで裁判官の思考はどのように働いているか、それを比較してみたいのです。

まず東電株主代表訴訟の東京地裁の判決からです（二〇二二年七月十四日の『朝日新聞』の記事を参考にしました）。判決は巨大地震を予見できたのに対策を先送りして事故を招いたと認定し、取締役としての注意義務を怠ったとして、勝俣元会長ら四人（小森元常務の賠償責任は否定）に連帯して一三兆三二一〇億円を支払うよう命じています。

判決はまず、原発の危険性についてつぎのようにのべています。原発事故が起きれば「国土の広範な地域や国民全体に甚大な影響を及ぼし、我が国の崩壊にもつながりかねない」と。したがって、このように危険な原発を運転する原発事業者には「最新の科学的、専門技術的知見に基づいて、過酷事故を万が一にも防止すべき社会的、公益的な義務がある」と言うのです。

焦点となった、国の機関である地震調査研究推進本部が二〇〇二年七月に公表した「長期評価」(「三陸沖から房総沖にかけての地震活動の長期評価について」)は、日本海溝沿いの三陸沖から房総沖のどこでも三十年以内に二〇パーセントの確率で津波地震が起きる可能性があると予測していました。この「長期評価」には「相応の科学的な信頼性があった」と判決は認定しています。また、これを元に東電の子会社が二〇〇八年に計算した最大一五・七メートルの津波予測の信頼性も認めています。

判決は、原発を運転する会社の取締役は、社内外の専門家や専門機関の評価が著しく不合理でない限り、これに依拠することが相当であり、逆に、特段の事情もないのに、これと異なる判断をした場合には著しく不合理と評価されると指摘しています。東電の原発部門「原子力・立地本部」の副本部長だった武藤元副社長は二〇〇九年七月、「長期評価」の津波予測を取り入れた対策をとることなく、社内の専門部署の説明や意見に依拠したものではない独自の判断で、東電子会社による計算結果の妥当性の検討を土木学会(の津波調査部会)に委ねるよう指示しています。さらに、福島第一原発の全電源が喪失して過酷事故が起きることを防止するための対策を講じるよう指示もしませんでした。安全対策として、建屋などの水密化措置(浸水対策)を速やかに講じることによって過酷事故を防止できる見込みがあったにもかかわらず、最低限の津波対策を速やかに実施するよう指示すべき取締役としての善管注意義務に反して任務を怠ったというのです。判決は、計算結果の妥当性を土木学会に委ねて対策を講じなかったことなどを「不作為」とみなし、「津波対策の先送りであり、著しく不合理であり許されない」と指摘しています。また本部長である武黒元副社長は武藤元副社長の不作為を是認したと指摘しています。勝俣元会長、清水元社長については、二〇〇九年二月の会議において「一四メートル程度の津波の可能性」を聞いており、津波対策が新たに実施されない限り、過酷事故が派生する可能性を認識していたはずであり、「対策を講じない原子力・立地本部の判断に不合理な点がないか確認すべき義務があった」、また「最低限の津波対策を速やかに実施するよう指示すべき取締役としての任務を怠った」と指摘しています。

判決は、東電では、事故前、万が一にも過酷事故を起こさないよう、いかなる対策が可能かなど、原子力事業者として当然に、また厳しく求められる安全確保の意識にもとづいて行動しておらず、また津波対策の担当部署が本格的に対策を講じることを具申しても、被告らは一切の対策を講じなかったと断定しています。彼らは、原子力事業の取締役として、安全意識や責任感が根本的に欠如していたと言わざるを得ない、というのです。

続けて業務上過失致死傷罪で強制起訴された東京高裁の控訴審判決について考察することにします。この裁判は検察が二回不起訴とした判断を検察審査会が覆して起訴した事件ですが、東京高裁は検察官役の指定弁護士の控訴を棄却する判決を言い渡しています。判決は全員を無罪とした一審の東京地裁判決を「不合理な点はない」と支持し、「巨大津波の襲来を予測できなかったとした一審判決の判断は妥当だ」とのべています。高裁は一審の論理展開を踏襲しつつ、一審が触れなかった点にも言及しています（以下、二〇二三年一月十九日の『朝日新聞』の記事を参考にしました）。

業務上過失致死傷罪の成立には、（1）巨大津波の発生を予見できた（予見可能性）（2）対策をとれば原発事故は防げた（結果回避可能性）という二点を立証する必要があります。（1）の判断材料として、二〇〇二年に地震調査研究推進本部が二〇〇二年七月に公表した「長期評価」の予測や、長期評価に基づいて東電子会社が二〇〇八年に算出した「最大一五・七メートル」の津波予測の信頼性が焦点となりました。

判決は三人の個別事情についても言及しています。副本部長の武藤元副社長が二〇〇八年に「最大一五・七メートル」の報告を受け、妥当性の検証を土木学会に依頼するよう部下に指示したことは「不合理とは到底いえない」としています。武藤元副社長から報告を受けた本部長の武黒元副社長、経営トップの勝俣元会長も含め、「巨大津波の現実的な可能性を認識していたとは認められない」というのです。電力事業者は「最重要のインフラを支え、法律上の電力供給義務を負う」のであり、「漠然とした理由で運転停止はできない立場にある」ともこのべています。

東電の代表株主による賠償請求の訴訟に関する東京地裁の判決（朝倉佳秀裁判長の名前をとって以下、朝倉判決と呼ぶことにします）と業務上過失致死傷罪で強制起訴された東京高裁の控訴審判決（細田啓介裁判長の名前をとって以下、細田判決と呼ぶことにします）という二つの裁判の判決の概要についてのべました。二つの判決は対照的です。両者とも福島第一原発事故の津波による被害の責任を問う裁判でありながら、前者は有罪の判決であるのに対して後者は無罪の判決です。識者や新聞はこの違いは民事裁判と刑事裁判という二つの裁判の性質の違いによるものであり、民事が有罪であっても、民事よりも厳格な立証が求められる刑事で無罪になるということはありうると説いています。しかし、わたしは、二つの裁判の性質の違いであるというよりも、二つの裁判の裁判官の思考のありかたの違いがこのような対照的な判決の違いを生み出していると考えています。そのことについてこれからのべることにします。

まず二つの判決において際立っているのは、原発運転の危険性に言及しているか、していないかという違いです。朝倉判決はまずこの危険性についてのべることから論を展開していますが、細田判決はそのことについては触れていません。朝倉裁判長が未曽有の被害を被った現地を視察しているのに対して、細田裁判長はしていません。細田裁判長にはそうする必要がなかったのでしょう。

判決には直接の関係はないかもしれませんが、日本は一九四五年に広島と長崎で二度も過酷で悲惨な原爆の被害を経験していることを思い出すべきです。一九五四年にはビキニ環礁の米国の水爆実験（水爆は核分裂ではなく核融合を利用するものですが）で第五福竜丸が死の灰を浴び犠牲者が出ました。そのような「核被害」の記憶が日本人には当然あるはずなのです。

最近では一九七九年に米国で、給水ポンプが動かなくなり、原子炉が緊急停止するというスリーマイル島原発事故が起きています。一九八六年には、世界を震撼させたチェルノブイリ原発事故が起きました。原子炉停止作業中に急激に出力が上昇し原子炉とその建屋が一瞬のうちに爆発破壊され、大量の放射能が放出されました。直近では一九九九年にフランスのルブレイユ原発が高潮で浸水、電気系統の機能が喪失するという事故が発生しています。水位が設計時の想定を大きく超えて、原発の扉や開口部から浸水が広がり、地下にあった電気系統や、原子炉冷却ポンプの機能が失われたのです。フランスはこの事故の後、外部からの浸水に対して設計を変更し、防護を強化しましたが、日本は何の教訓も得ようとはしませんでした（添田孝史『原発事故と大津波　警告を葬った人々』岩波新書、一三三頁）。さらに、二〇〇四年には、スマトラ沖地震の大津波でインドのマドラス原発の事故が発生しています。この大津波はインド洋を隔てて千数百キロ離れたインド東岸南部にあるマドラス原発の取水トンネルからポンプ室に侵入し、原子炉の冷却に必要なポンプを水没させて運転不能にしました（同書、九四頁）。

原発は原爆と同じく核分裂によって生じる膨大なエネルギーを利用するものです。核分裂を一挙に開放して生じる高熱と爆風と放射能による破壊力によって都市を破壊し住人を殺傷するのが原爆ですが、原発は核分裂を制御しながら徐々に開放し、生じる高熱を利用して水を水蒸気に変えて発電用のタービンを回すというものです。ですから、地震や津波などの被害を受けて制御する能力が失われれば、原爆と同じように強烈な破壊力によって甚大な被害を引き起こす危険極まりない設備なのです。

朝倉判決がのべているように、原発事故が起きれば「国土の広範な地域や国民全体に甚大な影響をおよぼし、我が国の崩壊にもつながりかねない」のです。添田が指摘するように、東北地方太平洋沖地震の際、原発事故がさらに拡大する危険性は大きかったのです。福島第一原発の吉田所長は「東日本壊滅」を予期していました。作業員らの奮闘にくわえて、偶然の幸運がなければ、首都圏までをふくむ数千万人が避難しなければならない事態もありえたのです（同書、二〇〇頁）。しかし、細田判決には、原発のこのような危険性についての言及はありません。東電の首脳部はもちろんですが、業務上過失致死傷罪を審議する東京地裁や再審の高裁の裁判官たちは、原発運転の危険性について何の関心も示していないかのようです（あるいは、関心を示していないふりをしているのです）。福島第一原発事故は、この判決では、あたかも一般の工場の爆発事故と同じものであるかのように見なされています。『六法全書』には原発事故が一般の工場爆発事故とは比較にならないような過酷な事故であるという記述はないのかもしれませんし、細田判決に携わった裁判官は優秀な裁判官で、ただ『六法全書』に忠実に審議しようとしたに過ぎないのかも知れません。彼らは『六法全書』のなかだけで審議すれば事は足りると考えているようです。その論理構造は『六法全書』のなかに自閉しています（あるいは、それで事は足りるというふりをしているだけなのでしょうか）。『六法全書』のなかに閉じこもるというのは、言い換えると、想像力が欠如しているか、想像力の働きを封じ込めているということです。

次に、焦点となった論点のうちの、建屋などの浸水対策に関する細田判決の判断について見てみることにしましょう。

添田は福島第一原発の津波に対する脆弱性についてつぎのようにのべています。「(東北電力の）女川原発は海水ポンプも高さ一四・八メートルの敷地内にあり津波に強い設計になっていた」のに対して、「福島第一原発は海水ポンプを高さ四メートルの埋め立て地に置いており、これが水没すれば原子炉の冷却が出来なくなって炉心損傷をひきおこすおそれがあった」（同書、一二二頁）。福島第一原発が津波に弱いことはわかっていたのです（島崎邦彦は

『3・11 大津波の対策を邪魔した男たち』（青志社）のなかで、添田は前掲書のなかで、その事実を何度も指摘しています）。さらに、先ほどのべましたように、一九九九年のフランスのルブレイユ原発の浸水事故や二〇〇四年のインドのマドラス原発の被害など、先行する事故が生じており、津波対策が必要なことは明らかなことでした。しかし、東電は何の対策もとろうとせず、無視し続けています（添田、同書）。二〇〇六年には、原子力安全基盤機構（後に原子力規制委員会と統合）、保安院と合同の会合で、東電は「津波高さが建屋のある敷地高一〇メートルを超えると、（津波が）建屋に侵入して電源設備が機能を失い、非常用ディーゼル発電機、外部交流電源、直流電源すべてが使えなくなって全電源喪失に至る危険性」について報告しているのです（同書、九五頁）。すでにこの時点でどのように事故が引き起こされるか正確に予想されていたのです。また、国の「長期評価」が発表された二〇〇二年のころのことですが、「市民団体『原発の安全性を求める福島県連絡会』は、東電に対して『海水ポンプを見せてほしい』と再三申し入れしていたが、『テロ対策上見せられない』と東電は拒否し続けています」（同書、一〇八頁）。もし見せれば、福島第一原発では重要なポンプ類がむき出しになっていることや、モーターが水に浸かって動かなくなる危険があることが露見するのを恐れたのです。そのようなお粗末な設備を見せることはとてもできなかったのでしょう。

朝倉判決では、最低限の津波対策を速やかに実施していれば過酷事故を防ぐことができたはずだとのべています。しかし、細田判決はそうではありません。判決に携わった裁判官は、「当時の知見」には、最低限の津波対策を実施していれば過酷事故を防ぐことができたという認識はなかったと言っているのですが、東電にはその認識はあったのです。ただ、想像力が欠如している（あるいは、想像力の働きを排除している）裁判官に、「当時の知見」にはそのような認識がなかったように思えるだけなのです（あるいは、自分たちの理屈を通すために、そのような前提を捏造しているのです）。東電は、その認識がありながら対策を講じなかったのです（後でのべますように、社員にその認識があったにもかかわらず、首脳部が対策の必要性を認めなかったということがあります）が、そのような認識はなかったという捏造した「当時の知見」を前提にすると、建屋の浸水対策を講じていれば事故は防げたというのは「事後的に得られた情報や知見を前提にしたもの」であるということになるのです。このような理屈によって裁判官は「後知恵によるバイアス」であると決めつけています。それは、想像力の働きの欠如を前提にすると（あるいは、想像力の働きを排除すると）、浸水の危険性を予想（想定）することができないという理屈をつくりあげることができるということを語っているに過ぎません。「後知恵によるバイアス」であるという決めつけは裁判官の思いなしに過ぎないのです。予想（想定）しなかった、あるいは、予想（想定）しても、対策を講じなかった被告に対して、裁判官は自らの思いなし（後でのべますように、それはむしろ、思いやり、だったのです）による温情にあふれた判断を下しているのです。「後知恵によるバイアス」というのは、権力者の非道で無残な思いなしを露呈するものに過ぎないのです。

細田判決の論理は、運転停止を前提とした一審の論理を「妥当」として維持しています。この論理は、事故を回避するには「原発の運転を停止するしかなかった」とまず前提し、そのうえで、「影響が大きな運転停止を義務づけるほどの予見可能性はなかった」という結論を導こうとするものです。この前提条件が成立するためには、建屋の浸水対策などを実施していれば、原発の運転を停止しないですんだという事実は邪魔になります。だから、建屋の浸水対策などを実施すべきだったという見解は、「事後的に得られた情報や知見を前提にしたもの」であり、「後知恵によるバイアス」であるとして「排除」しようとしたのです。裁判官は、「当時の知見を前提にしながら考える」べきであると、あたかも、「当時の知見」にそのような見解が存在しなかったかのように自分たちの思いなしを振りかざしているのです。

続けて、「長期評価」に関する二つの判決における判断の違いについて検討してみることにしましょう。

朝倉判決は、「長期評価」には「相応の科学的な信頼性があった」と認定しています。また、これを元に東電の子会社が二〇〇八年に計算した最大一五・七メートルの津波予測の信頼性も認めています。「長期評価」が出来上がったのは二〇〇二年でしたが、内閣府の防災担当大臣が、それを発表することに反対しています（島崎、前掲書、五八頁）。中央防災会議は一九五九年の伊勢湾台風の経験をきっかけに、一九六一年に設置されましたが、内閣総理大臣を会長に全閣僚や公共機関の長、学識経験者などで構成され、政府の防災に関する方針を決めるところでした。その事務局は当時内閣府にありました（添田、前掲書、六四頁）。つまり、内閣府が反対したということは中央防災会議が反対したということです。なぜ内閣府は反対したのでしょうか。その理由は、「長期評価」が示した津波によって生じる原発の危険性に関する警告が、政府や東電が進めていた原発は安全であるという安全神話のキャンペーンに反するものだったからです。

一八八六年にチェルノブイリ原発事故が起きたとき、日本政府は、日本の原発はアメリカ型であり、ソビエト型のような事故は起きないと説明し、国民を安心させようとしました。それから間もなくして、一九九〇年のことですが、科学技術庁長官に就任したばかりのある女性の長官が官僚や関係者から原発に関する説明を受けた後で、「原子力発電の安全性を肌で感じた」と語っているのを新聞で読んだことがあります。科学技術行政の責任者の地位に就いたこの長官の発言に唖然としたことをよく覚えています。長官はこのような発言で国民の不安を解消して安全神話を維持しようと努めたのです。核分裂によって生じる凶暴な力を原子炉のなかに閉じ込めて運転する危険な原発の安全性を「肌で感じた」と臆面もなく言ったのです（安全性を肌で感じたと言うのであり、その危険性を頭で考えることはしていませんと言ってのけたわけです。科学技術行政の長官のこのような非科学的な思考のありかたは驚嘆すべきことのように思えます。ただし、この長官が何も考えていないというのではないのです。長官は、危険性を考えないふりをして安全神話を維持しようとしたのかもしれませんし、そこには抜け目のない周到な思考が働いているのです）。

朝倉判決では、「長期評価」には「相応の科学的な信頼性があった」と認定していますが、細田判決では、その信頼性を否定しています。否定した根拠として、「長期評価」の前書きに「誤差を含む」「利用には留意が必要」などと書かれていることを挙げています。また国の中央防災会議の報告にもとり入れられていないとのべています。

先ほど、二〇〇二年七月に完成した「長期評価」を発表することに中央防災会議を通じて内閣府が反対したと言いました。以降、内閣府はさまざまな圧力をかけて「長期評価」が語る危険性を貶めようと努めています。その最たるものが、「長期評価」の前書きを変えることでした。細田判決は、「長期評価」の信頼性を否定していますが、否定した根拠として、その前書きに「誤差を含む」「利用には留意が必要」などと書かれていると指摘しています。

これらの文言は、出来上がったときの「長期評価」にはなかったものでした。この文言は中央防災会議（内閣府）が追加するようにと強い申し入れを行った結果、加えられたものです（添田、前掲書、六九頁）。また添田は、中央防災会議（内閣府）は、「地震本部がその後、他の地域における長期評価を発表するたびに、ファックスで新聞社など報道機関に『長期評価の地震発生確率や予想される次の地震の規模の数値には誤差を含んでおり利用には十分注意すること』という趣旨の文面を送っていた」と書いています（同書、七〇頁）。この間の事情については、長期評価を作成した地震本部（政府の地震調査研究推進本部）の長期評価部会長の任についていた島崎邦彦が、東電や内閣府や官僚たちや関係する学者たちなどの不可解な動きについて内部から見た経過を詳しく語っています（島崎、前掲書）。島崎は中央防災会議が要求した文言の追加に反対したのですが、地震本部事務局の担当課長が反対を押し切り、文言を追加して長期評価を公表したのです（添田、前掲書、六九頁）。なお、島崎は、原発を安全神話で覆い隠してひたすら推進しようとした企業、行政、政界、学界などの一大勢力をなす原子力ムラを構成する複合体の相関図を前掲書で示しています。参考のために引用させて頂きます（図21）。

東電がくりかえした情報隠しや津波対策の先延ばしの経過の全体を見渡すと、そこに見えるのは、安全より経済性を重視した構図です。福島原発第一号機は二〇〇〇年代初頭には

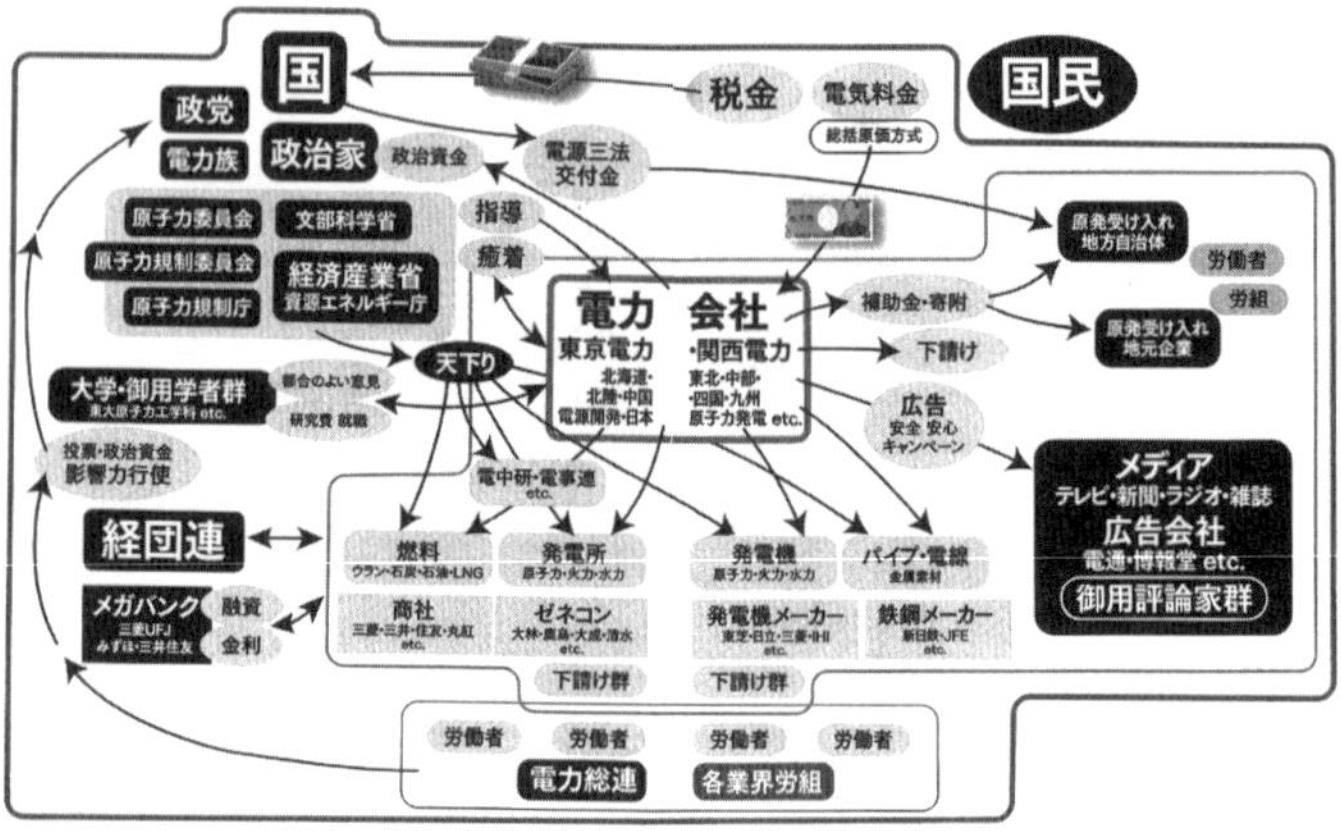

図 21　原子力ムラの相関図

運転開始から三十年以上経過していました。当時、原発の寿命は四十年程度と考えられていましたので、余命が少ない原発に津波対策の費用をかけるのは経済効果が悪かったのです（添田、前掲書、九二頁）。島崎によれば、二〇〇八年に東電の原子力技術部調査グループの社員が、防潮堤をつくって高さ一五・七メートルの津波に備える対策を検討しており、その対策は四年の歳月と数百億円の費用がかかるというものでした。しかし武藤副本部長がこの対策を「ひっくり返して」土木学会に検討を委ねることにして先送りしたのです（島崎、前掲書、一八一頁）。島崎は、そのような東電と連携して動く原子力ムラの存在を指摘しています。原子力ムラは、津波対策に多額の金がかかる原発を運転する東電を支援し、命より金を重視する政策の遂行に加担しました（同書、一二一頁)。東電は、原発推進のために電事連(電気事業連合会)や土木学会を利用しています。また、政府の機関である中央防災会議(内閣府)や資源エネルギー庁、原子力安全・保安院も東電のために規制に手心を加えていますし、多くの研究者や学者も東電の手先となって活動しています。

原子力ムラがとった命より金を重視する方策は、アジア・太平洋戦争中に日本がとった方策と変わりがありません。軍部は作戦の遂行のために、国民(将兵)の命を平然と消耗品扱いしました。原子力ムラは原子力政策を推進するために国民の命を軽んじているのです。人間の尊厳を平気で蹂躙する姿勢は戦後になっても戦時中と変わりがないのです。戦時中に人間の尊厳を平気で蹂躙したということに対する反省がないので戦後になっても変わらないのは当然です。また先になってのべるつもりですが、戦前の「国家総動員法」にもとづいて、国の資源と労働力のすべてを戦争のために動員しようとして「経済システムの戦時体制」が形成されましたが、戦後になって、戦争の遂行から経済成長の実現へその目的は変化しました。しかし、戦時体制の経済システムそのものは変化していないのです。原子力政策もその一環をなしており、国民の生活や生命は国の政策のために犠牲を強いられ続けたままです。そもそも国策を一民間企業が遂行する、つまり、国が推進すべき原子力政策を、経営上の利益を考慮せざるをえない民間企業が推進する、ということに無理があるのです。原子力ムラは、このような無理を遂行するために形成された、政、官、財、学界の複合体です。

東電は津波対策を一貫して一切講じていないという事実が存在します。これは不思議なことではないでしょうか。わずか四メートルしかない高さのところにある非常用海水ポンプに防水対策を施すことや、予備バッテリーを用意して全電源喪失を防ぐなど、少額の費用で実施できるような対策でさえも講じようとしていないのです。何故なのでしょうか。

半藤一利が語っている「日本人のなかにある心的傾向」のことを思い出してください。半藤が語っているのは戦争中の日本軍の軍人たちの思考回路についてですが、戦後の東電の首脳部の人間たちにも妥当するように思われるのです。半藤は彼らは、「いま起きたら困ることは、起きないのではないかというふうに思い、やがて、起きないに決まってる、いや絶対に起きない、という思考回路になっていました」、「つまり『最悪のシナリオ』はハナから消してしまいたがる。そして絶対に起きないことを信念にしてしまう」と語っています。東電首脳部の人間たちも、「いま起きたら困ること」が「絶対に起きない」という信念にまで漂流してしまうこのような思考回路を経て、原発の事故は起きないことになってしまっていたのではないでしょうか。事故を予測しなかった（できなかった）のは、起きないと思い込んでいたからであり、防水対策や予備のバッテリーを用意するという初歩的な対策でさえ講じなかったのも絶対に起きないと思い込んでいたからではないのでしょうか。このように思い込めば、防水対策や予備のバッテリーを用意する必要はないわけで、用意するのを思いつくこともないでしょう。事故が起きてはじめて、事後的にそうしておけばよかったと思い知るわけです。

もしそうであるとするならば、先ほどのべましたように、そのような対策が必要だったというのは「事後的に得られた情報や知見を前提にしたもの」であり、「後知恵によるバイアス」であるという細田裁判の裁判官の判断は、東電首脳部の人間たちを弁護するためのものだったことになります。そのように裁判官が判断したのは適切だったのです。東電首脳部の人間たちは事故が起きるまでは対策が必要だとは夢にも思わなかったのであり、事故が起きてから「事後的に」そうしておけばよかったと思い知ったのです。その知見は「後知恵」でした。つまり、常識に反した強弁を振りかざしているように見える細田裁判の裁判官によるこのような指摘は、東電首脳部の人間たちに対する共感と思いやりを表しているのです。東電首脳部の人間たちの漂流する思考による思い込み、それに共感して彼らを弁護する細田裁判の裁判官の思いやり、この思い込みの思考と思いやりの思考の連携プレーは決して滑稽で喜劇的であると言ってすませることはできないものであり、深刻で悲劇的な事態です。二つの思考は、国民の生命や財産（人間の尊厳）を危険にさらすばかりではなく、計り知れないほどの犠牲を強いるかもしれないような破壊的で恐ろしい思考だからです。

細田判決が、「長期評価」の前書きに「誤差を含む」「利用には留意が必要」などと書かれているという理由で「長期評価」の信頼性を否定したというのは、裁判官は中央防災会議(内閣府)の動きを知らずにその思惑に賛同しているのか(その場合は、裁判官の不勉強ということになります。添田の前掲書の出版は二〇一四年であり、高裁の細田判決は二〇二三年のことですから、裁判官はこの指摘を知らなかったのか、知っていても無視したということになります。無視したのであれば、裁判官に中央防災会議(内閣府)の動きを肯定する意図があったということになります)、あるいは、中央防災会議(内閣府)の動きを知っていて「長期評価」の信頼性を否定したのであれば、裁判官は中央防災会議(内閣府)の思惑に露骨に迎合し、安全神話に加担しようとしているということになります。

中央防災会議の報告にもとり入れられなかったということが、細田判決が「長期評価」を排除したもう一つの根拠となっていますが、このことは、二〇〇四年に中央防災会議が地震本部の見解を被害想定から外したことを指しています。二〇〇二年に発表をしないよう地震本部に圧力をかけた中央防災会議は、その目的を達成するために、最終的にその見解を被害想定から外したのです。細田判決は、知ってか知らずにか(率直に言えば、知らないふりをして)中央防災会議に賛同の意を示しているのです。

さらには、「最大一五・七メートル」の報告を受けた武藤副社長が二〇〇八年に妥当性の検証を土木学会の津波評価部会に依頼するよう部下に指示したことを朝倉判決は「不作為」とみなし、「津波対策の先送りであり、著しく不合理であり許されない」と指摘しています。しかし細田判決は「不合理とは到底いえない」とのべています。細田判決の裁判官は、武藤副社長が妥当性の検証を依頼した土木学会がどのような学会であったのかを承知したうえで「到底不合理とはいえない」と判断したのでしょうか。

土木学会は工学系では最大規模の学会ですが、長期評価がまとめられた二〇〇二年は、ちょうど東電の元原子力本部副本部長が会長職にあり、また十年前にも東電の元原子力建設部長が会長職についているなど、東電の原子力部門と結びつきが強い学会です（添田、前掲書、三四頁）。検証を依頼した土木学会の津波評価学会は、電気事業連合会が自分たちの言い分を権威づけるために設けた組織で、費用も全額電事連が負担していました。この部会のメンバーは電力社員が多くを占め、地震学者はごくわずかしかいませんでした（同書、一〇一頁）。そのような土木学会（津波評価学会）に妥当性の検証を依頼したのは朝倉判決が言うように「不作為」であり、「津波対策の先送り」であることは歴然としています。

以上見てきましたように、被告である東電首脳部は、原発の事故を予想（想定）できなかったのではなく、予想（想定）すべきなのに、予想（想定）しなかったのです。事実は、朝倉判決が言うように、原子力事業の取締役として、安全意識や責任感が根本的に欠如していたということです。細田判決が被告である東電首脳部の不作為を正当化しているのは、予想（想定）すべきであるのに、予想（想定）しなかった被告を、予想（想定）できなかったとみなして免罪しようとする裁判官の思考によるものです。細田判決において働いている思考は、予想（想定）しなかったことを予想（想定）できなかったとみなす思考です。そのようにして不作為を正当化しているのは東電首脳部の所為ばかりではありません。その背後に存在する体制そのものの所為なのです。言い換えますと、この思考は、体制（現実）に拮抗する力をもとうとしないのであり、たとえもとうとしたとしてもそもそももちえないのです。別の言いかたをすれば、思考が体制（現実）に流されるのです。そこには容易に忖度や迎合や思い込みが紛れ込むことになります。朝倉判決の裁判官の思考とは違って、体制（現実）を押しとどめる力をもたず、体制（現実）に流されるだけのこの思考からは、原発事故が再び起きるのを防ぐ力は出てきません。

先日、ドイツで、最後の原子力発電所三基が稼働を停止し、二〇一一年の東京電力福島第一原発事故を受けて進めてきた「脱原発」が完了した、という記事が新聞に出ていました。同じ新聞の一面のコラム「素粒子」は、「祝！　ドイツが『脱原発』達成。フクシマに学び、再生エネを主流に未來をひらく。／日本は『回帰』へ、まっしぐら。彼我の差はどこから」と日本の現状を嘆息しています（『朝日新聞』二〇二三年四月十七日夕刊）。このコラムが問うている「彼我の差」は、思考がもつ力の差に由来します。ドイツでは思考が、体制（現実）を変革する力をもっているのに対して、細田判決に見られるような日本の思考では、体制（現実）に流されるだけで、それを変革する力をもちえないのです。このような思考に支えられて、現在見られるように、安全神話は容易に復活することになります。

さて、ここで、二つの裁判における裁判官の思考のありかたをもう一度ふり返ってみることにしましょう。

東京地裁の民事裁判（朝倉裁判）の判決では、裁判官の思考が働く基軸となっているのは、原発の危険性の認識です（その認識があるからでしょう、裁判長は原発事故の現場に出かけて確認しようとしています）。判決では、原発事故が起きれば「国土の広範な地域や国民全体に甚大な影響を及ぼし、我が国の崩壊にもつながりかねない」、したがって、このように危険な原発を運転する原発事業者には「最新の科学的、専門技術的知見に基づいて、過酷事故を万が一にも防止すべき社会的、公益的な義務がある」とのべています。被告たちは、原発の運転に関する重大な危険が存在することを当然想定すべきであったにもかかわらず、想定することを怠り、何の対策も講じなかったという有罪の判決は、基軸となるこのような認識から生じているのです。それに対して、東京地裁および高裁の刑事裁判（細田裁判）の裁判官の危険性の認識のありかたは曖昧で矛盾しています。原発の事故を回避するには「原発の運転を停止するしかない」とのべていますから、原発の危険性を認めているように見えます。原発の危険性を回避するためには原発の運転を停止しなければならないというのです。原発の運転停止という高い基準を設けて、事故の際には「影響が大きな運転停止を義務づけるほどの予見可能性はなかった」と結論づけているのです。一審の地裁の判決は、このような運転停止を前提とした論理にもとづくものでしたが、高裁の判決もそれを「妥当」として維持しているのです。原発の危険性を認識すべきなのはまずもって原発の運転に責任を負う東電首脳部のはずですが、裁判官は、当然有していなければならない彼らの危険性の認識を問題にしないばかりか、危険性の認識に少しも留意することがなかったという彼らの怠慢を擁護する詭弁（原発の運転には危険性はあるけれども、その運転に責任があるはずの彼らにはその認識がなかったという議弁）を弄しているのです。危険性の認識に留意することがなかった被告たちの怠慢を弁護しようとする高裁の裁判官たちは、さらに、運転の停止をしなくても、防潮堤建設や建屋の浸水対策などの対応をしていれば事故は防げたのではないかという、（一審が触れなかった）論点についても検討していますが、それは「事後的に得られた情報や知見を前提にしたもの」であり、「後知恵によるバイアス」であるとして「排除」すべきであり、「当時の知見を前提にしながら考える」べきであるという驚くべき理屈を展開して切り捨てているのです。常識的に言って誰でも考えつくような自然で当然な対策を、裁判官は、「後知恵によるバイアス」であり、あたかも、「当時の知見」には存在しなかったかのようなふりをして、権威主義的に圧殺しているのです（権力者は――この場合は高裁の裁判官ですが――誰でもいだくような常識的な考えでさえ、見え透いた理屈を振りかざして、このようなしかたで圧殺しようとする性向をもっている、ということは知っておいてもよいことです）。浸水対策などの対応をしていれば事故は防げたかもしれないという見解を認めれば、自分たちがもち出した原発の運転停止が必要だったということを前提にしている基本的な論理構成が崩れてしまうからです。

そもそも、原発を運転する危険性の認識という前提条件を曖昧にしたのは、事故を想定すべきであったにもかかわらず、想定しなかった東電首脳部の被告たちの怠慢を、想定できなかったとして免責するためです。東京地裁の民事裁判の朝倉裁判長は、東電首脳部の被告たちは原子力事業の取締役として安全意識や責任感が根本的に欠如していたと言わざるをえないとのべています。被告たちは安全神話に浸っていて原子力事業の取締役としての責任をおろそかにしていただけなのです。東京高裁の裁判官が恣意的にもち出した、原発事故を回避するには「原発の運転を停止するしかない」という前提条件は、被告たちを免責するために仕組まれた目くらましにすぎません。そこには、緻密に計算された思考（恣意的な思考）が働いているのです。この恣意的な思考の背後にあるのは、東電や政権の意向を配慮して忖度し、安全神話に同調しようとする思考です。この思考には、対象的思考（悟性）が働く基軸（軸足）のありかたを監視し、対象的思考（悟性）が自らの限界を超えて恣意的に働くことを許さない理性の働きが欠如しています（非理性的なのです）。この非理性的な思考は、被告たちの無責任な怠慢を容認する思考です。さらには、現在の被告たちの無責任な怠慢ばかりではなく、将来起きるかもしれない原発事故の責任者の怠慢をも容認しようとする思考です。この思考は、将来起きるかもしれない原発事故を防止することができないばかりか、原発事故を助長するような、見境のない、無残な思考であると言わざるをえません。

福島第一原発事故が原因で多くの人たちが亡くなりました。被告たちは刑事裁判で業務上過失傷害の罪に問われていますが、民事裁判が示すように、原発の運転は危険であるという認識を基軸にして思考すれば、事故で死んだ人たちの死は、原子力事業の取締役として当然もつべき責任感の欠如によって生じたものであり、その死を招いた、被告たちの無責任な怠慢は、未必の故意による殺人の罪として問われるべきではないでしょうか。新聞やテレビなどのマスコミが気づかない（あるいは、何か忖度するところがあって気づかないふりをする）のであれば、国民が気づくことが必要です。それが民主主義の基本です。（哲学では）哲学は思考の事柄であるという言いかたをしますが、それにならって言えば、民主主義は思考の事柄なのです。

福島第一原発事故で東電首脳部は、原子力事業の取締役としての安全意識や責任感の根本的な欠如によって、多くの避難している人たちの死を招いたという話をしました。怠慢な思考は人を殺すのです。司法がそれを容認します。行政はそ知らぬ顔をして、曖昧な思考によって立案された原発政策を続けます。そしてまた原発事故が起きる。日本は、今のままでは、そういう国であり続けるでしょう。東京地方裁判所の民事訴訟の正当な判決も、最高裁で覆されるかもしれません。最高裁には昔から問題があるのです。過去には政府の番犬として名を馳せた最高裁長官もいました。先日、一票の格差が最大三・〇三だった二〇二二年の参議院選挙が憲法が定める「法の下の平等」にかなうかどうかをめぐる裁判で、最高裁は「合憲」の判決を言い渡しました（二〇二三年十月十八日）。神奈川、宮城、東京の各選挙区の投票価値は福井選挙区の三分の一でした。この選挙区には全有権者の二割が住んでおり、有権者の法的権利は福井の三分の一しかないのです。それでも、最高裁大法廷の裁判官十一人のうち八人が「合憲」と判断したのです（反対したのは三人でした）。大多数の裁判官の判断は、「『是正の具体的な進展がない』という国会の姿勢を批判しつつ、議論が続いていることを評価して」合憲の判決を下したというものです（『朝日新聞』二〇二三年十月十九日）。裁判官は法律家として何を考えているのでしょうか。憲法には「法の下の平等」が明記されています。多くの裁判官が下した判断は、法律家としての憲法にもとづく判断ではなく、配慮や忖度にもとづく政治的な判断です。裁判官たちは国民の法的権利を基軸（軸足）として思考すべきであるのに、そうではなく、立法府（国会）への配慮や行政府（政権）への忖度を基軸（軸足）として思考しているのです。戦時中に、天皇の統帥権を盾にして軍部が専横をふるった時期がありました。最高裁判事たちの思考のありかたは、まるで天皇の統帥権の代わりに憲法の権威を笠に着て、だからといって憲法にしたがうのではなく、政治的にふるまっているに過ぎない思考であり、本来の基軸を外れた恣意的な思考に過ぎないのです（そのような思考が最高裁の裁判官の多数を占めているのです）。

辺野古の問題もあります。『朝日新聞』の（二〇二三年）九月五日の朝刊トップに「辺野古　沖縄県の敗訴確定」という見出しが出ていました。米軍普天間飛行場を名護市の辺野古へ移設しようという政府の計画をめぐって、軟弱地盤が見つかり、防衛省が設計変更を申請しましたが、沖縄県はその計画に問題があるという理由で承認しませんでした。防衛相沖縄防衛局は、国民の権利救済のために存在する行政不服審査制度を利用して、国民（の立場）に成りすまして不服を申し立て、申し立てを受けた国交相が審査を行って、県の処分を取り消しています。これは、自分たち（防衛相沖縄防衛局）が、国民（の立場）に成りすまして、国民の権利救済のための制度を利用して不服を申し立て、自分たち（国交相）が審査して県の処分を取り消すよう是正指示を下したということです。言い換えますと、権力側が、国民に成りすますことによって国民の権利を簒奪して、自分たちの意向を押し通したということです。このような審査のありかたに対して、多くの行政法学者が「権利救済制度の乱用である」と批判する声明文を出しています（『朝日新聞』二〇二三年九月五日社説）。それにもかかわらず、九月四日、最高裁第一小法廷は裁判官五人全員一致の判断で、国の是正指示は適法だという判決を下しました。沖縄県では、前任者の翁長知事から玉城知事まで三回の知事選で辺野古移転阻止を訴えた知事が当選しています。玉城知事初当選の翌年の一九年に行われた埋め立ての是非を問う県民投票では七二パーセントの県民が反対しています。国交省の是正指示を適法とした最高裁判決は、軟弱工事の問題点にも何も触れていませんし、反対する県民の意思表示には何も触れていません（ということは、無視しているということです）。

何よりも問題なのは、国の行政府の機関が国民の立場に成りすまして、行政府の身内の別の機関の大臣に審査を求めて「是正指示」を出したという、違法な適用によって法律を乱用したという問題に対して、法律の適用のありかたを是正すべき立場にあるはずの最高裁は、是認しているのです。沖縄県は国交省の「是正指示」の裁決をめぐって最高裁に上告したのですが、最高裁は受理しませんでした。国交省に対するこの上告は、最高裁に対する異議申し立てに他ならないわけですから、受理しなかったのは当然なのかもしれません。公平な風を装っていますが、現在の最高裁はそのようなところなのかもしれないのです。第一小法廷の五人の裁判官には法律家としての矜持はないのでしょうか。憲法で保障された（三権分立における）司法の独立性をどのように考えているのでしょうか。五人の裁判官の思考の基軸（軸足）はひたすら政権の意向の側に置かれていて、県民（国民）の側には置かれてはいないのです。これでは、まるで、最終審の権威を笠に着てふるまう政府の御用犬にすぎません。民が主権者であるという民主主義の時代ではなく、まるで、大日本帝国憲法下の裁判官のようです。法律家としての矜持ではなく、あるのは、最高の権限を笠に着た思い上がりなのでしょう。時代錯誤に浸っていて、民は由《よ》らしむべき対象であるとでも思っているかのようです。

このような裁判官が選出されるのは衆議院選挙と同時に実施される最高裁判所判事の審査制度に問題があるからです。ここではその問題には立ち入らないことにします。しかし、一つだけ言っておかねばならないことがあります。それは琉球（沖縄）に対する日本本土側の歴史的な対応の問題です。琉球（沖縄）と日本との関係では、一六〇九年に薩摩藩が琉球王国を征服し支配下に置いたという前史があります。琉球は薩摩藩に朝貢するようになりましたが、中国の清とも朝貢関係を続けていました。そして、一八七九年、明治政府がいわゆる琉球処分を行いました。明治政府は、清国と朝貢関係をもっていた琉球王国を解体して沖縄県として日本に完全に併合したのです。これが一回目の琉球処分です。二回目の琉球処分は、一九四五年からはじまった沖縄戦です。日本本土への攻撃を遅らせるための捨て石として沖縄は利用され多くの沖縄県民が犠牲になりました。そして三回目の琉球処分は一九四七年九月です。この時期は沖縄戦で多くの犠牲者を出した記憶がまだ生々しかったころですが、東京で日本の戦争指導者を裁く極東国際軍事裁判（東京裁判）が進行していました。この裁判では多くの戦争指導者の有罪判決が予想されていたのです。また、一九四六年には新しい日本国憲法が公布され、翌年一九四七年五月三日から施行されていた時期でした。この一九四七年の九月に、昭和天皇は、マッカーサーとの会談でマッカーサーに対して自らの保身のために沖縄を差し出しているのです（豊下楢彦『昭和天皇の戦後日本』岩波書店）。新しい日本国憲法のもとでは昭和天皇は国民の象徴であって、大日本帝国憲法のもとにおけるような政治的権力をもっていなかったはずなのですが、そのような脱憲法的なことが行われているのです。そして四回目の琉球処分が、法律を乱用して違法な適用を行った政府のやりかたを合法と認定した最高裁判所の判決です。

国民の権利救済のために存在する行政不服審査制度を悪用して、国民の救済を受けとめる側の国が、国民に成りすまして、不服を申し立て、申し立てを受けた国（国交相）が審査を行って、県の処分を取り消す「是正指示」を出しました。二〇二三年十二月二十日、福岡高裁那覇支部は、新たな区域の埋め立てに必要な設計変更を承認しようとしない県に代わって、国が承認するという代執行を県に認めるよう命じる判決を言い渡しました。この代執行に対して新聞などのマスコミは、自治体の権限を奪う代執行は、自治の侵害であると批判していますが、これくらいの批判は政権にとっては「カエルの面《つら》へ水」でしょう。この代執行の内実は、防衛省が提出した地盤改良工事の申請を沖縄県が承認しなかったのに対して、国民の権利救済のための制度を悪用して国民（の立場）に成りすまして沖縄県の不承認に不服を申し立て、身内の国土交通相がその申し立てを受け入れて県の処分を取り消したものです。その手続きを最高裁判決が是認し、福岡高裁は最高裁の判決にしたがって沖縄県知事の設計変更の不承認を法令違反であると結論しました。高裁の判決を得て国土交通省が防衛省の地盤改良工事の申請を沖縄県知事に代わって承認する代執行を行った、つまり、防衛相の申し立てを国土交通省が受けとめ、それを最高裁が承認し、高裁の判決を得て国土交通省が沖縄県知事に代わって代執行を行ったのです。これは、マスコミなどが言う自治権の「侵害」というよりも、自治権の「強奪」以外の何物でもありません。そして、他ならぬ最高裁がこの強奪に法的正当性を認めているのです。福岡高裁那覇支部の判決は、沖縄県知事が最高裁の判決を放置するのは、「憲法が基本原理とする法の支配の理念や法治主義の理念を著しく損なうものだ」と批判していますが、福岡高裁那覇支部の裁判官たちは批判を向ける先を間違えているように思われます。この批判が向けられるべきなのは、沖縄県知事ではなく、法律を乱用して政府にお墨付きを与えた最高裁なのではないでしょうか。最高裁には、司法が行政から独立して行政府を監視する三権分立という見識は存在せず、行政府に迎合する卑屈な姿勢しか存在しませんし、法治主義の理念を尊重する基本的な態度が欠如しているからです。こうして国の司法は行政と結託して沖縄県の自治権を強奪し強権的にねじ伏せたのです。本土から派遣された機動隊員が工事に反対する沖縄県民に対して「土人」ということばを投げつけましたが、所轄の大臣はこの機動隊員を処罰するどころかかばったのです。ここには、琉球の人びと（現在の沖縄県民）に対する偏見と侮蔑の感情が図らずも露呈しています。明治政府は琉球王国を強権的に清国から切り離して解体し、沖縄県として強制的に日本領に編入しました。これが一回目の琉球処分ですが、法治主義と民主主義を装って国の行政と司法によって強権的に違法に強行された今回の処置はすでにお話ししましたように四回目の琉球処分であると言うことができるのです。

最初にお話ししました福島第一原発事故の刑事事件に関する東京高裁（細田判決）の裁判官たち、さきほどの二〇二二年の参議院選挙をめぐる最高裁の裁判官たち、そして、辺野古問題に関する最高裁や福岡高裁の裁判官たちの思考にはある共通する特徴が見られます。それは、彼らの思考が現実を無視した思考であるということです。論を展開する際に基軸となる現実から目を背けて理屈を展開するという特徴をもっています。福島原発事故に関する東京高裁の裁判官たちの思考は原発を運転する際に生じるかもしれない危険な事故という現実（想像力があれば当然存在するであろう現実）から目をそらす、参議院選挙をめぐる最高裁の裁判官たちの思考は全有権者の二割が住んでいる、神奈川、宮城、東京の各選挙区の有権者の投票価値が福井選挙区の三分の一しかないという不平等な現実を無視する、そして、辺野古問題に関する最高裁や福岡高裁の裁判官たちの思考は軟弱地盤が存在するという現実、国民が行政を正すために存在する手続きを国が乱用しているという現実から目を背ける、彼らの思考はこのようなしかたで現実を回避しているのです。現実に向かわない彼らの思考は、現実に根差すことがありません。したがって彼らの思考は、基軸（軸足）となる現実が存在しませんので、むなしくさまよい、浮遊し、漂流するだけの議論（漂流する思考）にならざるをえないのです。現実から遊離したこのような思考が行う議論を理屈とよびます。彼らの理屈はたんなる形式的な空疎な議論に過ぎませんが、その議論を権力によって強制しようとするのです。それが事の本質です。

第八章　漂流する思考は自閉する

裁判官の思考が現実を見ないという話をしましたが、実は、その源流は日本の哲学にあるのです。西欧の哲学を本格的に輸入して身につけるようになったのは明治以降のことですが、それからもうすでに百五十年以上の時が経ちました。現在では日本の優秀な哲学者のなかには国際的な舞台で西欧の哲学者に引けを取らないような活躍をしている人も見かけます。すばらしいことです。しかし国内に目を向けてみると、西欧の哲学には当然のこととして存在するものが日本国内にはほとんど存在しないということがあります。それは哲学が自らの現実そのものに目を向けることがまれであるということです。哲学は思考の事柄であると言われますが、哲学にとって思考すべきものは何よりもまず自己の現実であるはずです。日本ではそのことがおろそかにされているのです。

西欧の哲学はパースペクティヴやヴェルサイユ宮殿の庭園に見られる感性を基盤として成立している思考です。デカルト哲学はそのような感性にもとづく自らの思考そのものを基軸に定めてその思考を自覚的に基礎づけることによって成立した悟性的思考です。ヘーゲル哲学はそのような悟性的思考がひとたび崩壊した後で、崩壊した事態そのものを基軸に定めて、崩壊した事態のなかから誕生した新たな思考を悟性によって自覚的に基礎づけた理性的思考です。日本人はそのような哲学を百五十年以上という時間をかけて輸入して身につけてきたのです。しかし、日本人の思考の基盤に存在するのは桂離宮の庭園や洛中洛外図に見られるような感性であり、西欧哲学の基盤に存在する感性とは異質なものです。日本人の思考の基盤に存在する感性が西欧とは違うという自覚は日本人には希薄です。すでにお話ししましたように、近代日本の最大の哲学者である西田幾多郎でさえ、自らの思考のありかた（思考の対象としての日本の現実ではなく、それを思考する自らの思考の現実そのもの）が西欧とは違っているという自覚はあいまいでした。したがって、自らの思考そのものを日本的な感性のなかに基礎づけるという作業は十分には行われていないのです。

日本人は異質な感性を基盤にして成立している西欧的思考を自らの日本的な感性の基盤に根拠づけることなく、西欧人と同じように思考しているつもりで思考してきました。これもすでに触れたことですが、日本の哲学研究者は「デカルトをやっている」、「ヘーゲルをやっている」という言いかたをします。このような「やっている哲学」が蔓延することになりました。日本人の哲学的思考が自らの現実を見ていないというのは、自らの感性を見ていないというしかたで、その感性を基盤にして成立している自らの思考のありかたに目を閉ざしているということです。このような日本的思考からすれば、デカルト哲学が自らの思考そのものを基軸に定めて自覚的に基礎づけることによって成立した悟性的思考であり、ヘーゲル哲学はそのような悟性的思考がひとたび崩壊した後でその崩壊した事態を基軸に定めて悟性によってふたたび自覚的に基礎づけた理性的思考であるということを理解するのが困難になるのです。そこでどうするかと言えば、デカルトやヘーゲルを西欧の相に位置づけて西欧人が理解するように理解するだけで良しとするわけです。これが「デカルトをやっている」、「ヘーゲルをやっている」ということです。このような日本人の哲学的思考は、自らの感性的土壌から必然的に遊離することになり、思考は現実から離れて漂流しながら西欧の相における理屈を展開するだけのものになります。これまでのべてきたことは、一言で言えば、日本人の思考は自らの思考そのものを反省する（対象化する）ことができないということですが、この反省（対象化）ということについては後ほどまたあらためてのべることにしましょう。

明治以降、日本は西欧文化を本格的に受け入れるようになりましたが、受け入れた西欧文化のうちで一番重要な事柄は何だったでしょうか。人によって意見が分かれるかもしれませんが、わたしは、人間の尊厳（個人の尊厳、人権の尊重）という西欧文化の根底に存在する思想であったと考えています。

たとえば、日本の憲法に相当するドイツ基本法の冒頭の第一条第一項は「人間の尊厳は不可侵である。これを尊重し、および保護することは、すべての国家権力の義務である」という文章ではじまっています。第二次大戦後、ドイツ政府は戦争被害の補償を行いましたが、その補償は軍人だけではなく民間人にも同様に行っています。基本法の規定により、軍人に対してばかりではなく民間人に対しても、人間としての尊厳を尊重する義務が政府にはあるのです。日本はどうでしょうか。戦前の大日本帝国憲法では冒頭に天皇の条項が置かれており、「天皇は神聖にして侵すべからず」と書かれていました。戦後の日本国憲法では「神聖にして侵すべからず」ということばは削除されましたが、やはり天皇の条項が冒頭に置かれており、「天皇は、日本国の象徴であり日本国民統合の象徴である」と書かれています。戦後の日本では、政府は、軍人に対する補償は行いましたが、民間人に対しては原爆の被害を含めて戦争で受けた被害は国民が等しく我慢しなければならないという「戦争被害受忍論」を唱えて補償は行いませんでした。行う必要はないと考えているようです。戦前の日本は、国民は神聖にして侵すべからざる天皇に身命を捧げるのが当然であるとする天皇を主権者とする国体の国家であり、国民の人間の尊厳は天皇に従属していましたが、戦後、天皇は侵すべからずという不可侵性はことばとしては消滅しても、象徴ということばのなかに流入し温存されているのではないでしょうか。国民の人間としての尊厳は天皇を象徴とする国体としての国家に従属しているのです。この事実は天皇制は人間の尊厳の思想とは相容れないということを明確に示しています。

「あゝわれダンテの奇才なく／バイロンハイネの熱なきも／石をいだきて野にうたう／芭蕉のさびをよろこばず」という与謝野鉄幹作詞の「人を恋うる歌」(一九〇五)の歌詞を旧制高校生などの若い人たちが好んで歌ったという話をすでにしました。この歌詞には若い人たちの西欧に対するあこがれの気持ちがよく表れています。丸山真男が「日本のように精神が感性的自然——自然というのは無論人間の身体を含めていうのだが——から分化独立していないところでは」、「精神が自然から独立」していないので、「個々バラバラな感覚的経験に引き摺りまわされる結果となる」と言っています(「肉体文学から肉体政治まで」『増補版現代政治の思想と行動』未来社)。若い人たちは、西欧における自然から独立した人間の精神性(人間の精神的偉業、人間の情熱)を知って、自然に溶け込み、〈わたし〉を滅却して自然のなかで静まってしまう芭蕉の感覚的な「さび」ではない、新鮮な精神に憧れの気持ちを抱いたのです。芭蕉の「わび」や「さび」が無意味だというのではありませんが、若い人たちは、「わび」や「さび」の文化のなかには存在しなかった感性的自然から独立して確立された人間の精神性に新鮮な喜びを見出し、あこがれたのです。

このような新しい思想にあこがれの気持ちを抱く若い人たちを人間の尊厳（個人の尊厳、人権の尊重）の思想が存在しない日本はどのように扱ったでしょうか。すぐに思い出すのは、不足する戦力を補うために行われた学徒出陣です。多くの若い学生たちが学業半ばにして強制的に戦場に送られて死んでいきました。戦後には、政府による学術会議の六人の学者の違法な任命拒否の問題もあります。両者に共通するのは、自らの領分をわきまえない政治の思いあがった蛮行です。戦前の行いの反省がないまま、戦前はここでも戦後に連続しているのです。

アジア・太平洋戦争においてアメリカ軍になくて日本軍にあったもの、それは神風特攻隊や人間魚雷です。アジア・太平洋戦争中の神風特攻隊や人間魚雷の悲惨な現実を知ればあなたもその非道極まりない無残な扱いに憤りを覚えずにはいられないでしょう。日本の指導部は、戦局が悪化すると、夥《おびただ》しい数の青年たちの命を、その夢や希望を圧殺して、砲弾として使用するという作戦をとりました。死を強制された青年たちが若くして死ななければならない理由を必死で模索しながら苦悩する姿の記録は、たとえば『きけわだつみのこえ』（岩波文庫）のなかに残されています。読みすすむと、胸が苦しくなるような悲痛な思いがするのではないでしょうか。

このようなことを感じていたときでしたが、二〇二四年八月十五日（七十九年目の八月十五日）の『朝日新聞』の「天声人語」の文章を読みました。それは先のアジア・太平洋戦争で日本の敗色が濃くなったころ、旧満州の新京放送局に勤めていた俳優の森繁久弥が自ら経験したことを書いた「青い海の底で」と題する文章の紹介でした（以下、「天声人語」にしたがいながら森繁久彌の文章を紹介します）。

森繁久彌は関東軍の極秘命令で、特攻隊員の遺言を残す仕事をしたそうです。六十人ほどの隊員たちのことばを録音したなかに、おそらく永久に忘れることができないほど強い印象を受けた若者がいたと森繁は書いています。その若者はマイクロフォンを前にじっと座ったままなかなか口を開こうとはしませんでした。長い沈黙ののちやっと若者は重い口を開きました。「お父さん。いま僕はなぜだか、お父さんと一緒にドジョウをとりに行ったときの思い出だけで頭がいっぱいなんです。……何年生だったかな……小学校六年生の時だったと思うけど……おぼえていますか……弟と三人でした。鉢山の裏の川でした。……あのときの、弟の白い帽子と、お父さんがかぶっていたカンカン帽の古いのが、いま目にちらついています……。二十年も生きてきて、いま最後にお父さんにお話しするんだというのに、こんな、ドジョウのことしか頭に浮かんでこないなんて……」。

しばらくことばがとぎれてから若者は続けました。「いま、自分は……なんだかもの凄く怖いんです」。ハッと胸を刺されるような響きがその声にはこもっていました。「お父さん！……ほんというと、出発するのが嫌なんです。……僕は卑怯かもしれません……ね……お父さんだけに僕の気持ちを解ってもらいたいん……だ……」。

どこかの青い海の底で、あの若者はいまも、死の恐怖に魂をおののかせている気がしてならない。森繁久彌はそう書いています。

この若者は、国家によって死を強要された死刑囚です。国家（指導者）は自分の都合のために罪もない将来ある若者に死刑を執行したのです。そもそも死刑制度は矛盾を含んでいます。人間を殺すことは認められないと言いながら、殺した人間を国家は殺してもよいというのが死刑制度です。殺してはならないという考えの根底にあるのは人間の尊厳を重視する思想です。諸外国とは違って日本では現在でもその矛盾を問題にすることは一般的ではないようです。

若者は死に直面して恐怖におののき、父親との心の絆をひたすら思い出しながら非道にも殺されました。国家が行ったこの行為は人道に対する罪です。若者は国家によって人間の尊厳が蹂躙されるのを具体的に証言しながら死んだのです。この若者のことを哀話として語るだけですませてはなりません。憤りをもって、国家の権力を笠に着てこのような非道を実行した責任者の責任を問わなければなりませんし、二度とこのようなことが行われることがないようにするために、なぜ日本ではこのようなことが起きるのか反省を深めることが必要だと思います。俺も後から行くと言って、若者たちが死に向かって飛び立つのを見送った特攻隊の現地の司令官で、日本へ逃げ帰った者もいるという話を聞くと、はらわたが煮えくり返るような憤りを覚えます。何千人もの若者たちをこのようにして虐殺する計画を立案し実行した軍部の中枢の責任者たちは断罪されることはなく、野放しのままです。こうして、アジア・太平洋戦争のはじまりかたと終わりかたがそうであるように、神風特攻隊や人間魚雷も、あたかも自然現象によって生じたかのようにみなされてしまっているのです。

アメリカ軍にあって日本軍になかったもの、それは、ときには建前に過ぎなくなることもありましたが、人間の尊厳を大切にする思想です。日本には建前だけであろうとも、そもそもそのような思想は存在しなかったのです。日本軍は、あらゆる局面で、人命を軽視し、人権を無視しました。日本軍における思考には、その基軸に、人間の尊厳（人命の重視、人権の尊重）を据えることが決してなかったということだけは一貫しているのです。たとえば、食料は兵士の肉体的生命を維持するために必要不可欠ですが、大本営は、すでに日中戦争当時から、戦費節減のために、補給を無視し「自給自活」するよう求めています。何故そうしたのかと言いますと、大本営には人間の尊厳という思想は露ほども存在しませんでしたので、人命を尊重する意図など毛頭なかったからです（軍隊では、一銭五厘の葉書で来る命――一銭五厘の葉書の召集令状でいくらでも兵隊を集めることができる――という言いかたがされていました）。戦線がアジア・太平洋へと拡大するとその弊害は急激に増大していきました。大本営は自分たちが思い描いた作戦をただ効率よく遂行することしか念頭になく、招集した兵士たちの命を湯水のように消耗することを省みなかったのです。

戦争という異常時において日本人の思考がどのようなありかたをしていたのか話を続けることにしましょう。

日米開戦が始まって戦線がアジア・太平洋に拡大しても大本営の食糧補給を無視するという方針は変わりませんでした。藤原彰は、日中戦争以降の軍人・軍属の戦没者数訳二三〇万人のうち、栄養失調によって餓死した者と栄養失調の結果マラリアなどに感染して病死した者の合計は一四〇万人、戦没者全体の六一パーセントに達するとのべています（『餓死《うえじに》した英霊たち』青木書店）。戦闘ではなく餓死や病死による戦没者が六割にも達するというのは異常です。アメリカ軍はもちろん他国の軍隊には見られない事態です。このような事態が生じたのはひとえに大本営が現実を無視して（派遣先の事情を調べようともしませんでした）、たんなる思いつきによる無謀な作戦を維持し続けたことによります。作戦は経費節減のための現実無視の思考によるものだったのであり、その上、そのような無謀な作戦を変更するということをしなかったのです。その結果、この無謀な作戦は一四〇万人もの人間を殺したのです。同じことが海没死者（艦船の沈没による死者）についても言えます。日本軍は広大な海域に存在する戦闘の拠点に兵士を輸送する必要がありましたが、制空権や制海権を失った後でも、徴用した民間の貨物船を使って兵員を輸送し続けました。貨物船は多数の兵員を家畜同然の状態で押し込めて運んでいたのですが、アメリカ軍の潜水艦に発見されて次々と撃沈され三五万人を超える膨大な数の兵員（数字は藤原、前掲書。吉田裕『日本軍兵士——アジア・太平洋戦争の現実』中公新書）が死亡したのです（狭い空間に多数の兵員を押し込めていたので沈没の際に全員が脱出することは不可能でした）。台湾とフィリピンのあいだの海峡はバシー海峡と言いますが、この海峡は魔の海峡とよばれていました。アメリカ軍の潜水艦が潜んでいて日本の船舶を狙っていたのです。フィリピンのルソン島に派遣された山本七平はこの貨物船による輸送を経験しています。山本は自らの経験を「地獄の輸送船生活」とよんでいます。徴用された輸送船の換気の悪い船倉には三千人もの兵士が乗っていました。人いきれと浮遊する塵埃で窒息しそうな状態だったと言います。舷側には木箱のような仮設便所が設けられており、糞尿は船腹をつたって海に流れ落ちるようになっていました。数が足りないので便所への長蛇の列が切れ目なく続き、船自体が糞尿まみれで走っていました。連日の雨のなかで用を足す順番が来るまで並んでいた兵士が戻ってくると濡れた衣服と垢だらけの体と便臭から発散する異様な臭気とムッとする湿気で船倉内はますます耐えがたくなったといいます。山本七平はこのような状態の輸送船に二週間乗船して、奇跡的にアメリカの潜水艦に発見されることなく無事マニラに到着することができたと書いています(『一下級将校の見た帝国陸軍』文春文庫)。

先ほど、大本営が現地調査もせずに、食料の補給をおろそかにして、たんなる思いつきに過ぎない(現実に盲目的な)無謀な作戦を維持し続けたと言いました。そのときわたしの念頭にあったのは、食べるものもない南方戦線の熱帯のジャングルのなかでも食料は自給自活するように命じた大本営の作戦のことでしたが、山本七平は右に挙げた著作のなかで、ジャングルではない農業国フィリピンの実情について語っています。山本は、大本営の現地の実情に盲目的な無知は「食糧問題」にまず露骨に表れているとのべています。南方は食糧の宝庫、年に三回米がとれる。だから軍の自活は可能だぐらいのことを考えていたのだろうが、これこそ「完全なる無知」の表白であって、戦前のフィリピンは毎年約三〇〇万石の米をサイゴンから輸入していたのであるというのです。なぜ輸入する必要があったのかと言いますと、農業国と言われていたフィリピンでは、麻やタバコや砂糖キビのプランテーション農業が実施されていたのであり、食糧の生産はわずかだったのです(その程度のことも大本営は調べようともしていないのです)。このような事態のなかにあっては、携帯する食糧が尽きれば後は飢えるだけでした。山本は、プランテーションのなかに迷い込めば、畑の真ん中で餓死しても不思議ではないとのべています。日本軍はフィリピン戦線で最も多い五〇万人の戦死者を出していますが、そのうち四〇万人が餓死か病死者だったと言われています（藤原、前掲書）。さきほど、栄養失調による餓死者と病死者の合計は一四〇万人とのべましたがそのうち四〇万人が農業国フィリピンで死んでいるのです。

大本営のこのような思考のありかたについて、戦後になって総括や反省がなされることはありませんでした。靖国神社の存在がそのことを露骨に物語っています。政治家などは靖国神社には国のために尊い命を捧げた英霊が眠っているという言いかたをします。国のために尊い命を捧げた英霊などという無神経な美辞麗句は、国によって尊い命を奪われた将兵たちの悲惨な現実を公然と無視する言辞です。靖国神社に祀られているアジア・太平洋戦争の戦死者たちが約二三〇万人だとすれば、そのうちの餓死及び病死者一四〇万人と海没死者三五万人、合計一七五万人は、国のために尊い命を捧げたのではなく、国のために尊い命を奪われた（捧げさせられた）人たちです（残りの五五万人のなかにも、自ら命を捧げようと思ったのではない人たちもいたはずです）。この人たちは国のために進んで尊い命を捧げたのではなく、国の無思慮で無謀な作戦によって命を奪われた、つまり、国によって殺された人たちではないでしょうか。国のために尊い命を捧げた英霊という美辞麗句は、国が殺したという真実を隠蔽することばであり、そのことに対する反省がみじんもないことを表明するものに過ぎません（また、A級戦犯合祀の問題もあります。靖国神社には国の無謀な作戦によって命を奪われた人々と一緒に、命を奪う指導を行った最高責任者たちも祀られているのです。この人たちも（戦勝国の裁判によって処刑されて）国のために尊い命を捧げた英霊というわけです。殺された人間も殺した人間も区別しないで、国のために尊い命を捧げた、その点で違いはないというしかたで指導者の責任を免除するのです。これは一億総懺悔の発想と同じで、ものごとの区別を排して曖昧にしてしまおうとするものです）。靖国神社は国が過去に犯した犯罪を隠蔽するだけではなく賛美するという無反省な人たちの心の拠り所をなすものであり、これから先も国が国民に強制するであろう死を収容するために用意された、宗教を装った欺瞞的な施設なのです。そういう宗教施設は廃止して、国が犯した罪を反省したうえで慰霊の施設をつくろうという声はなかなか広がりを見せないのが現実です。

大本営はなぜ膨大な数の死者を生み出すような無謀な作戦を盲目的にとり続けたのでしょうか。そこには日本人の思考に関するある習性が関与しているように思われます。すでに触れたことですが、山本七平がのべているように、われわれ日本人は論理的判断の基準と、空気的判断の基準という、一種の二重基準《ダブルスタンダード》（言い換えれば、われわれの内部に存在する、輸入して身につけた西欧文化と伝統的な日本文化が乖離した状態）のもとに生きています。われわれが通常口にするのは論理的判断の基準ですが、本当の決断の基本となっているのは、「空気が許さない」という空気的判断の基準です。統計も資料も分析も、またそれに類する科学的手段や、論理的論証も、一切は無駄であって、そういうものをいかに精緻に組み立てておいても、いざというときには、それらが一切消しとんで、すべてが「空気」に決定されることになる、のです（『「空気」の研究』文春文庫）。あることを決めるとき、決める主体はわれわれではなく、空気であるというのです。言い換えれば、決める主体が存在しないのです。つまり、決めるのではなく、決まるのです。決める主体があって決めたことは決め直すことができます。しかし、決める主体が不明で決まったことは決まり直すことはできないのです。このようなしかたで、われわれの思考は決め直すことにたいして絶望的に無力です。

先ほど援用した丸山真男は「『現実』というものは常に作り出されつつあるもの或いは作り出され行くものと考えられないで、作り出されてしまったこと、いな、さらにはっきりいえばどこからか起こってきたものと考えられている」とのべています。このことは、極東裁判の「被告を含めた支配層一般が今度の戦争において主体的責任意識に稀薄だということ」を指弾してのべられたことばです。「戦犯者たち」は「異口同音」に「戦争責任」を「否定」しました。「彼等の中の誰一人としてこの戦争を惹起することを欲しなかったというのです」。「彼等は戦争を欲したかといえば然りであり、彼等は戦争を避けようとしたかといえばこれまた然りということになる。戦争を欲したにも拘らず戦争を避けようとしたにも拘らず戦争の道を敢て選んだ」というのが事の真相でした。「(彼等には)自由なる主体的意識が存在しない」のです。「ナチスの指導者は今次の戦争について［……］開戦への決断に関する明白な意識をもっているにちがいない。然るに我が国の場合はこれだけの大戦争を起こしながら、戦争を起こしたという意識がこれまでのところどこにも見当らないのである。何となく何物かに押されつつ、ずるずると国を挙げて戦争の渦中に突入したというこの驚くべき事態」だけが存在するのです。少し長くなりましたが丸山真男からの援用を続けてみました（『増補版　現代政治の思想と行動』）。

日本人に主体（subject）の意識（考える〈わたし〉の意識）が希薄なのは日本語に原因があります。日本語では文が成立するために、主語（subject）は必要ではありません。Aさんと Bさんが、「行く?」、「行かない」という会話を交わしたとします。この「行く？」も「行かない」も主語はありませんが、完全な文として成立しています。西欧語では（英語を例にとれば）、二つの会話は「Du you go?」、「(No,) I don't go.」であり、文が成立するためには、主語（subject）の「you」や「I」を欠くことはできません。文に主語（subject）を必要としない日本語を使っている限り、主語（subject）を意識しないですむのです。

さらに、西欧語で言えば一人称代名詞（英語ならば「I」）の問題があります。英語の一人称代名詞「I」には、日本語では一つの代名詞ではなく、複数の代名詞、たとえば、「わたくし」、「わたし」、「あたし」、「ぼく」、「おれ」などが対応していると言われます。一見するとこれらの日本語は自分のことを指しているように見えますので、英語の自分のことを指す「I」に対応しているように見えるのですが、実は、どの日本語も「I」には対応していないのです。そのことを指摘したのは鈴木孝夫です。鈴木の見解は独創的で非常に興味深いものですが、ここではそのほんの一端を紹介するにとどめなければなりません（詳しくは、鈴木孝夫『ことばと文化』（岩波書店）および、拙著『日本人の〈わたし〉を求めて』を参照してください）。鈴木は、「一人称代名詞の働きは、自分が話し手であることを、言葉で明示する機能である」とのべた後で、英語の代名詞「I」は、「話し手の言語的自己規定が相手及び周囲の状況とは無関係に自発的独立的になされる」のであり、「相手の存在を認識するに先んじて、自己の認識が言語によって行われる」ものであると語っています。鈴木はそのような自己規定を「絶対的自己規定」とよんでいます。相手が誰であろうと、状況がどうであっても、自己の認識は「I」として定まっているのです。さらに、「インド・ヨーロッパ系言語に於いては、一人称代名詞は、同一のことばが何千年にわたって連綿と一貫して用い続けられており」、「一人称代名詞のことばとしての同一性 identity は有史以来変わっていない」、英語の「I」もその一つであるというのです。

ところが、日本語における話し手の自己規定は、相手や状況の認識の後から成立します。いいかえますと、相手や状況に応じて相対的に話し手の自己規定が決まるのであり、英語の場合とは順序が逆になっています。相手が目上の人であれば自分のことを「わたくし」や「わたし」と称するでしょうし、相手が打ち解けた関係の人であれば「あたし」や「ぼく」、「おれ」と称するわけです。自分を称するときに用いられるのはいわゆる代名詞ばかりではありません。父親は息子にたいして自分のことを「お父さん」（は、が）と言うでしょうし、小学校の先生は生徒に対して「先生」（は、が）と言うでしょう。日本語の自分を称することばはいわゆる代名詞ばかりではないのです。鈴木孝夫は、したがって、日本語では一人称代名詞という言いかたは不十分であり、自称詞とよぶべきだとのべています。さらに、日本語の自分を指す代名詞はもとは何か具体的な意味をもっていた実質詞から転用されたものです。いま標準語で使用されている「私」は、もともとは「公に対し、自分一身に関する事柄」（『広辞苑』）を、「僕」は「しもべ。下男」（同）を意味する名詞でした。そのような名詞が転用されて自分を指す代名詞として使われるようになったのです。日本語の自分を指すことばは歴史的にめまぐるしく交替しており単一ではありません。このことは、言い換えますと、日本語にはそもそも自分そのものを直接に指し示すことばが存在しないということです。存在しないから歴史的にめまぐるしく交替してきたのです。このことは、日本文化においてものを見る・ものを考える固定した視点が存在しないという事実に対応しています。日本人に主体（subject）の意識（考える〈わたし〉の意識）が希薄なのはこのような日本語に原因があるのです。

アジア・太平洋戦争の敗戦は、思考する主体の意識が希薄な日本では、「終戦」ということばで受けとめられました。「始めた」戦争ではなく（「始める」主体が存在しない意識には、「始めた」という意識は存在しないわけです）、「始まった」戦争が終わったというわけです。わたしたち日本人は自分たちの無力な思考のありかたについて反省することはありませんでした（反省できなかったのです。反省する主体が存在しなければ、反省することはできないのです）。最近では、わたしたちは平気で「失われた三十年」という言いかたをしています。三十年は、失われたのではなく、失ったはずなのに、「失う」主体が存在しないわたしたちは、「失われた」としか受けとめることができないのです。「敗戦」を「終戦」と言いなして始まった戦後の日本は戦前の反省をすることができずに戦前を引きずったままなのです。

前章の終わりで現実を見ない思考は漂流するとのべました。現実を見ない（あるいは、現実が見えない）というのは、見る主体（見る〈わたし〉）が不在だということです。見る主体（見る〈わたし〉）が不在であるというのは、見る主体（見る〈わたし〉）がそもそも存在しないからなのか、それとも見る主体（見る〈わたし〉）の成立を回避するからです。見る主体（見る〈わたし〉）が不在であれば、見る（あるいは、見える）ということが成立しなくなり、見る（あるいは、見える）ということが成立しなければ、思考する主体（考える〈わたし〉）の存在は基軸を失って不確かなものになります。序章でのべた野村克也監督の「感じなかったら何も考えやせん」ということばを思い出して下さい。感じない、つまり、感性的に見る（見える）ものがなければ、思考しているつもりでも、その思考はさまよい、ただ漂流するだけです。思考は、思考が本来もつ変革する力をもつことができなくなり、無力になるのです。

見る主体（見る〈わたし〉）が不在であれば、思考する主体（考える〈わたし〉）の存在は不確かなものになると言いました。思考する主体（考える〈わたし〉）の（存在の）意識が不確かであれば、そのような意識のもとになされる思考は、確かな基軸としての主体（〈わたし〉）が欠如していますので、漂流してしまうことになります。その漂流のしかたは、現実を見据えることができないがゆえに、思いつきや思いなしに流れるということになりまず。さきほど山本七平や丸山真男のことばを援用しましたが、山本が言うように、ものごとを決めるときに、決める主体が存在しないので、空気が決めることになる、つまり、決めるのではなく、決まるということになる、あるいは、丸山が言うように、戦争を起こしたのではなく（起こす主体は存在しませんので）、戦争が起きたということになり、「何となく何物かに押されつつ（山本にしたがえば、空気に押されつつ）、ずるずると国を挙げて戦争の渦中に突入したということになり」、その結果生じた事態は「ずるずると」続くことになります。先ほどのべましたように、主体が存在しないと、決めるのではなく、決まることになりますが、決めるのであれば決め直すことができるのに対して、決まるのであれば、決まり直すことはできないのです。決めるのではなく、決まるという漂流する思考は、漂流するばかりではなく、漂流しながら停滞するということになります。また、これからのべることですが、思考する主体（考える〈わたし〉）が存在しない停滞する思考は、事態を対象化することによって事態の外に出るということができませんので、事態の中に停滞したまま、自閉するということになります。

すでに、東電首脳部の無責任な怠慢な思考が多くの人を殺した、という話をしましたが、大本営の盲目的な無謀な思いつきに過ぎない思考も膨大の数の日本人を殺しました。思考は人間を殺すのです。人を殺そうと考えて（殺意をもって）行う殺人の場合はもちろんですが、その自覚がなくて、思考が人を殺すということは常にありうるのです。たとえば、太平洋戦争中の一九四一年に陸軍大臣東条英機が行った「生きて虜囚の辱めを受けず」（生きて捕虜になるのは恥だ、捕虜になるくらいなら自決せよ）いう戦陣訓の教えがあります。捕虜に対する保護と人道的な取り扱いなどを定めた一九二九年に調印されたジュネーヴ条約は既に存在していました。この条約は西欧の人間の尊厳（人命の重視、人権の尊重）の思想にもとづいて成立しているものですが、人間の尊厳（人命の重視、人権の尊重）など念頭にない日本人の東条はジュネーヴ条約を無視した訓辞を垂れて膨大な数の人間を殺したのです。

東条の「生きて虜囚の辱めを受けず」という戦陣訓は突然生みだされたわけではありません。たとえば、つぎのような事例があります。一九三九年に日本とソ連のあいだでノモンハン事件が勃発しました。激しい戦闘を経て停戦協定が締結されましたが、戦闘が終結した後で捕虜となった日本軍の将兵が日本側に送還されました。このとき、軍部は捕虜を禁じる法律的根拠はないので、軍法会議の前に（会議を開いても罰するわけにはいかないので）将校には自決させて（自決すれば戦死とみなして「戦死」の名誉を与えることにして）、下士官に対しては負傷者以外は「敵前逃亡罪」を適用しました。（この段落は吉田、前掲書が引用している秦郁彦『日本人捕虜——白村江からシベリア抑留まで』上、原書房によります。）

ノモンハン事件は「生きて虜囚の辱めを受けず」（生きて捕虜になるのは恥だ、捕虜になるくらいなら自決せよ）という東条英機の戦陣訓よりも二年前の出来事です。ノモンハン事件における捕虜の取り扱いのしかたの延長線上に東条英機の戦陣訓があるわけです。日本にはもともと死に対して親近感を抱くという伝統的な傾向があります。江戸時代の『葉隠れ』では「武士道は死ぬことと見つけたり」と説かれています。このことばは常に安易に解釈されがちです。東条は、戦争という死の重圧に包囲された特異な状況のなかにいて、戦場にあって死の現実と直面しなければならない将兵たちとは違って死の恐怖から遠い安全な場所で戦時下の高揚した気分につつまれながら、ひょっとしたら、磯田道史が、エジプトのミイラのように干からびてでも個体を保とうとするようなことは見苦しいと考えたのと同じように、自己（個体）にしがみついて生きのびようとして捕虜になるのは恥だ、いさぎよく悠然と死を受け入れるべきである、と考えたのかもしれないのです。

アジア・太平洋戦争で日本の形勢が悪くなると、数多くの前線で玉砕が実行されるようになりました。「玉砕」ということばは日本の指導部が使用したことばで、玉のように美しく砕け散る、そのように潔く死ぬことを意味します（メディアもこのことばを使って賛美しました）。指導部がこのことばを使ったのは、悲惨な現実を覆い隠すためですが、ひょっとしたら無残な死にかたをしなければならない将兵たちに恩恵を与えてやるという意図も含まれていたのでしょうか。そして死んだ（殺された）将兵たちは国のために名誉の戦死をとげた英霊として靖国神社に祀られているのです。戦況が不利になり敗走するなかで、日本軍の将兵には玉砕するか、餓死するか、それ以外の道はありませんでした。軍指導部に命令されて、あるいは支援を受けることができずに暗黙の了解のもとに、勝てる見込みがない戦闘で、降伏して捕虜になることは禁止されていましたから、絶望的に、敵に突撃していき、数多くの戦場で幾多の将兵が死にました（靖国神社にはこのようにして殺された将兵たちも、国のために名誉の戦死をとげた英霊として祀られているのです）。玉砕は、アリューシャン列島のアッツ島の玉砕が有名ですが、南太平洋の諸島などでくりかえして行われました。戦況が不利になり退却しなければならなくなったとき日本の軍隊にどのようなことが起きたでしょうか。ジュネーヴ条約では、「退却に際して、傷病兵を前線から後送することができない場合には、衛生要員をつけて、その場に残置し敵の保護に委ねることができる」という一節がありました。「傷病兵が捕虜になることを容認する」という条文なのです。ジュネーヴ条約を無視して、生きて捕虜になることを禁じた「戦陣訓」が存在する日本の軍隊では傷病兵は殺害されたのです。負傷して動けない傷病兵は自殺を強要され、応じなければ射殺されました。

日本の軍隊でとくに有名なのは内務班における古参兵や下士官による「私的制裁」でしょう。この行為は古参兵たちの「憂さ晴らし」にすぎなかったかもしれませんが、日本の軍隊内部で猛威を振るいました。人間の尊厳という思想のかけらも有することがない古参兵や下士官たちは立場の弱い新兵にたいして「物理的な暴力だけではなく、侮辱や屈辱などの精神的な苦痛を与え」ました。「私的制裁」は相手の人権を完全に無視することによって「兵士の人間性や個性をそぎ落とし」「命令に絶対服従する画一的な兵士をつくりあげる」のに寄与するものでしたから、これまた人間の尊厳という思想のもちあわせのない軍幹部はそのような行為を容認あるいは黙認したのです。このような状況のなかで新兵のなかから多くの自殺者が出たと言われます。弱者の人間の尊厳を無視し、人権を抑圧する行為が日常的に行われていた日本軍では、玉砕や敗走するなかで、たんに人間性や個性をそぎ落とすばかりではなく、生命そのものを抹殺する行為として実現しているのです。

「戦陣訓」は軍隊内部ばかりではなく、一般の民衆のあいだでも猛威を振るいました。バンザイクリフ（ばんざいの崖）やスーサイドクリフ（自殺の崖）と名づけられているサイパン島北部の断崖では、アメリカ兵の投稿勧告や説得に応じず、追い詰められた数多くの日本兵や民間人が断崖から身を投じて死にました。中年の婦人が両手を挙げて、崖から飛び降りていく場面をテレビで見たことがありますが、忘れることができない光景です。また、（二〇二三年八月九日放映のNHKのBS1スペシャル「玉砕の島　語られなかった真実」で見たのですが）サイパン島のすぐ隣にあるテニアン島で行われた凄惨な話には、言葉を失い、胸が苦しく息が詰まりそうになりました。日本兵や民間人が洞窟の中に逃げ込んで隠れていたのですが、赤ん坊が泣くと敵に見つかるというので、兵士の指示にしたがって、母親が我が子の首を絞めて殺したり、体を抱いて頭を石にぶつけて殺したりしたというのです。番組のなかで、一人の母親が自分の子供を殺したくないといって赤ん坊を抱いて洞窟から出て行ったという話が出てきました。捕虜になろうとして洞窟から出て行こうとする民間人を兵士が制止しようとして射殺したという話もよく聞きますが、その母親と子供は幸いなことに射殺を免れて幸運にも捕虜となって助かったそうです。

先日の『朝日新聞』の「折々のことば」で鷲田清一がスペインの哲学者のオルテガ・イ・ガセットの「人間はたえず非人間化される危険のなかに生きている」ということばをとりあげていました（二〇二三年十月二十四日）。鷲田はこのことばを解説して、オルテガは、世界に埋没したままでなくそれを対象化する可能性を手にすることで、人間は世界を「文明」へと作り替えてきた、と語っているのだとのべています。その可能性も油断をすればいつでも崩れ落ちて、たえず人間でなくなる可能性に晒されているというのです。「世界を対象化する可能性」というのは、これまでのべてきました、西欧近代に成立した対象的思考のことです。しかし、日本には、ものごとを考えるときに対象化する主体としての〈わたし〉が確固として存在するということがなかったのです。すると、支えのない思考は漂流します。漂流する思考は、むなしく、さすらい流されるだけではなく、現実に埋没したまま自閉し、現実を対象化することができなくなるのです。ここでのべました戦時中の兵士や民間人たちは、現実（ここでは「戦陣訓」）のなかに埋没して、それに束縛されたまま、対象化することができずに、崩れ落ちて、非人間化したのです。

さきほどの我が子の首を絞めて殺したり、頭を石にぶつけて殺した母親たちには〈わたし〉という主体が存在していないので、東条英機の「生きて虜囚の辱めを受けず」という戦陣訓の考えに埋没した（囚われた）まま自閉し、戦陣訓の外に出ることができず、それを対象化することができなかったのです。我が子を抱いて洞窟を出て行った母親は、〈わたし〉は我が子を殺したくない（死なせたくない）という思いにしたがうことによって、主体としての〈わたし〉が成立し、「生きて虜囚の辱めを受けず」という戦陣訓の考えを対象化することにができ、それを超えることができたのです。我が子を殺した母親たちは戦後、重い苦しい記憶を一人で背負いながら、生き続けなければならなかったといいます。同じような、強制されて幼子の首を絞めて殺した、刃物で喉を切って殺したなどという悲惨な事例が沖縄でも数多く存在したことが報告されているのはご存知でしょう。

日本軍の将兵の死に関してこれまで取りあげた著作は藤原彰『餓死《うえじに》した英霊たち』（著者は、「非合理な精神主義、独善的な攻勢主義にかたまった陸海軍エリート軍人たち」の「補給輸送を無視した作戦第一主義で戦闘を指導し、大量の餓死者を発生させ」「無限の可能性を秘めた有為の青年たちを、野垂れ死にとしかいいようのない無残な飢え死に追いやった責任」を追及したいと思って書いたとのべています）および、吉田裕『日本軍兵士』（著者は、「無残な死を遂げた兵士たちの死のありようを書き残しておきたいという気持ちから」書いたとのべています）の二冊であり、しかもそのほんの一部分に過ぎませんが、ぜひ全体を読んでいただきたいと希望します。

戦時中に人間の尊厳（個人の尊厳）の思想が不在であったという事実についてのべましたが、戦後の（民主主義の時代と言われる）日本においてもその事情は変わってはいないのではないでしょうか。人間の尊厳（個人の尊厳）の思想の不在が引き起こした戦前の悲惨な事実を、敗戦を終戦と受けとめるような無力な知性（思考）は反省することができなかったのです。敗戦を終戦と受けとめるというしかたで戦後ははじまったとのべましたが、反省することができずに戦前を引きずっているというのが日本の戦後ではないのでしょうか。

まず、日本の経済体制、政治体制、社会は戦前と変わっていないと主張する二人の著作を挙げておきましょう。その一冊は、カレル・ヴァン・ウォルフレン『人間を幸福にしない日本というシステム』（篠原勝訳、毎日新聞社）ともう一冊は野口悠紀雄『一九四〇年体制──さらば「戦時経済」』（東洋経済新報社）です。カレル・ヴァン・ウォルフレンは、日本の社会は「人間としての自己実現や家庭生活の充実を犠牲にしなければならない」社会であり、戦後になっても戦前の「経済システムの戦時体制は居座りつづけた。それどころかそれは、戦時ですら不可能なほど強化された」とのべています。野口悠紀雄は、「日本の経済体制はいまだに戦時体制である」という見解にもとづいて、それを「一九四〇年体制」と名づけています。一九三八年に制定された「国家総動員法」は国の資源と労働力のすべてを戦争目的のために動員するための権限を政府に委託した法律であり、この法律にもとづく体制が戦後も「その目的は戦争の遂行から経済成長の実現へと変化したが」「いまだ経済の中核を構成している」というのです。野口は、「日本の経済政策の深層にある思想」は「生産力の増強がすべてに優先すべきである」という「生産優先主義」（人間の尊厳を無視した生産性と収益性の重視）であるとのべていますが、その思想は戦後も変わらなかったというのです。（わたしたちの見解によれば、人間の尊厳の思想の不在が「生産優先主義」を支えており、戦後もその不在は変わらなかったということです。）カレル・ヴァン・ウォルフレンと野口悠紀雄の説得的な議論に具体的に立ち入ることは控えますが、これらの名著を全体を通してお読みくださいますようぜひともお勧めしたいと思います。

一九八一年のことですから、いまからもう四十年以上も前のことになります。旧西ドイツのケルンの二年間の在外研究を終えて帰国したばかりのときでしたから、まだ日本の空気にすっかり馴染んでいなかったのでしょう。そのとき偶然読んだある著名な経済人が書いた「わが社の人間尊重主義」という見出しの『朝日新聞』の記事を読んで、激しい衝撃を受けました。その内容は、流れ作業で仕事をするとき、立って作業をしていると、人間の能力の上半身しか利用されていない。そこで、椅子に座って下半身も作業に生かすようにすれば、人間の能力の全体を利用することができる。これがわが社の人間尊重主義である、というものでした。

ヨーロッパ滞在中に経験した二つのことについてお話しします。一つは、日本では普通に見られる歩道橋が存在しないことです。車道と人間が歩く道が交差し、車道の交通量が多いときにどうするかと言いますと、車道を下げて通し、人間は車道の上に橋を渡した水平面の道路を歩くのです。日本の歩道橋でベビーカーが階段を通るのは困難だというので、らせん状のスロープを設けるというようなことは必要がないわけです。もう一つは、これも日本人のわたしにとっては衝撃的な経験でしたが、あるとき、パリから夜行列車でスペインのマドリッドに行こうとしたときのことです。列車が深夜にフランスとスペインの国境の駅に停車しました。フランスの線路の幅は標準軌でスペインは広軌なので、車両を取り換える必要があったのです。普通車に乗っていたわたしたちは荷物をもってホームに降ろされました。ところが寝台車だけはクレーンで車両をつるして眠っている乗客ごとスペイン側の台車に移したのです。わたしはあっけにとられて眺めていました。とっさに思ったのは、日本ではこんな面倒なことはしないな、ということでした。しかしよく考えてみると、面倒だけれども、これがヨーロッパの人間尊重主義なのだということに思いいたりました。ただし、その恩恵にあずかれるのは、寝台料金が払えるお金持ちだけなのですが。

このような経験をしていたわたしは、「わが社の人間尊重主義」を唱えた例の経済人のことばに、面食らうどころか、度肝を抜かれるような衝撃を受けたのです。四十年以上前のことですが忘れることのできない鮮明な記憶として残っています（今回手を尽くしてその記事を探したのですが、見つかりませんでした。発見されたかたは、お知らせくださるとありがたいと思っています）。先ほどの経済人には、人間の尊厳（個人の尊厳）の思想が不在なのです。彼は、ベルト・コンベアによる大量生産方式によって生じる人間性の搾取をコミカルに、しかし、痛烈に批判しているチャップリンの映画『モダンタイムス』を知らなかったのでしょうか。自動給餌機によって昼食の時間も給餌しながら生産に従事するという印象的な場面もあります。チャップリンの映画は人間の尊厳（個人の尊厳）の思想を無視することへの批判であり、この経済人の文章は、人間の尊厳（個人の尊厳）の思想が不在であることから生じる人間性の搾取の無邪気な肯定なのです。

この経済人の発想は当時においては特別なものではありませんでした。特別な風潮ではなかったからこそ、彼は、わが社は人間をこんなにも効率よく利用していると自慢することができたのです。時代は石油ショックの後で企業は人件費削減を必死で模索していたときでした。この一九八六年ごろに労働者派遣法が成立します。これは、その翌年に国労を潰し野党の社会党を弱体化することを目指して国鉄を分割民営化した中曽根内閣によるものです。この労働者派遣法は、労働者を非正規雇用の形で企業に派遣するという、それまでの日本になかった労働形態を可能にしようとするものでした。このときは、派遣は秘書や通訳など専門的な能力が求められる業務で、企業に対して強い立場に立つ十三種の業務に限定されていました。中曽根内閣の目的は、非正規の派遣という労働形態をまず法律的に確立することにあったのです。やがてバブルが崩壊した九〇年代になって人件費削減の動きは急拡大しました。それにつれて派遣の対象範囲は次々に規制緩和されました。労働者派遣法の非正規雇用は、企業の都合によって労働力を簡単に効率よく増やしたり減らしたりできる手段となりました（中曽根内閣の先見の明です）。生産力の増強がすべてに優先すべきであるという「生産優先主義」が支配する、人間の尊厳を無視する労働環境のなかでは必然的に労働者の人権が軽視される事例や政策が生まれます。日本の低賃金や非正規雇用はそのような労働環境が生みだした典型的な事例なのです。先ほどの経済人は、一人の労働者の身体を効率よく活用するというものでしたが、規制緩和された労働者派遣法は多数の労働者の人権を無視して企業のために効率よく活用しようとするものです。一人の経済人の発想は、このような形で日本の産業界全体のありかたとして実現を見ているのです。**図22**は非正規労働者数の推移と社会的背景を図示したものです。

現在、合計特殊出生率（一人の女性が生涯で生む見込みの子供の数）の低下は深刻な問題となっています。岸田政権はその問題に対処するために「異次元」の「少子化対策」をうち出しました。その内容を示す試案には、児童手当の拡充、保育事業の改善、教育費の軽減、働きかたの改革、住宅支援などがかかげられています。その試案についての記事と同じ紙面に「朝日川柳」のコラムがあって、選ばれた川柳の第一作に「ばら撒けば子供増えるという気楽」（香川県、藤田雅士）とありました（『朝日新聞』二〇二三年四月四日朝刊）。思わず笑ってしまいました。なぜかといえば、岸田政権の少子化対策は少子化をとどめる対策になっていないからです。岸田政権が示す対策というのは、結婚した人びとに対する手当です（このように支援しますから、結婚して

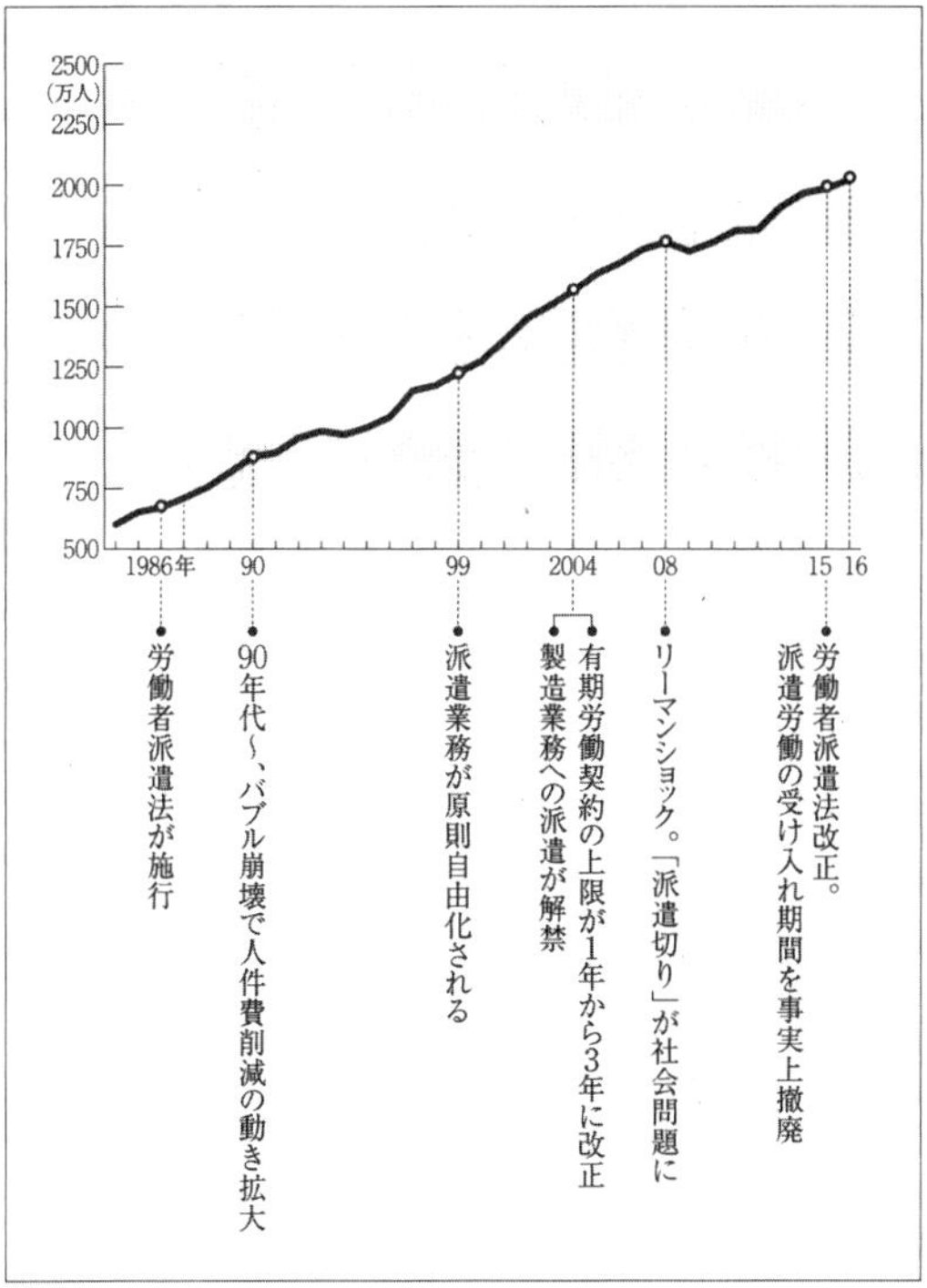

2500
（万人）
2250
2000
1750
1500
1250
1000
750
500
1986年
90
99
2004
08
15
16
労働者派遣法が施行
90年代～、バブル崩壊で人件費削減の動き拡大
派遣業務が原則自由化される
製造業務への派遣が解禁
有期労働契約の上限が1年から3年に改正
リーマンショック。「派遣切り」が社会問題に
労働者派遣法改正。
派遣労働の受け入れ期間を事実上撤廃

図22　非正規労働者数の推移

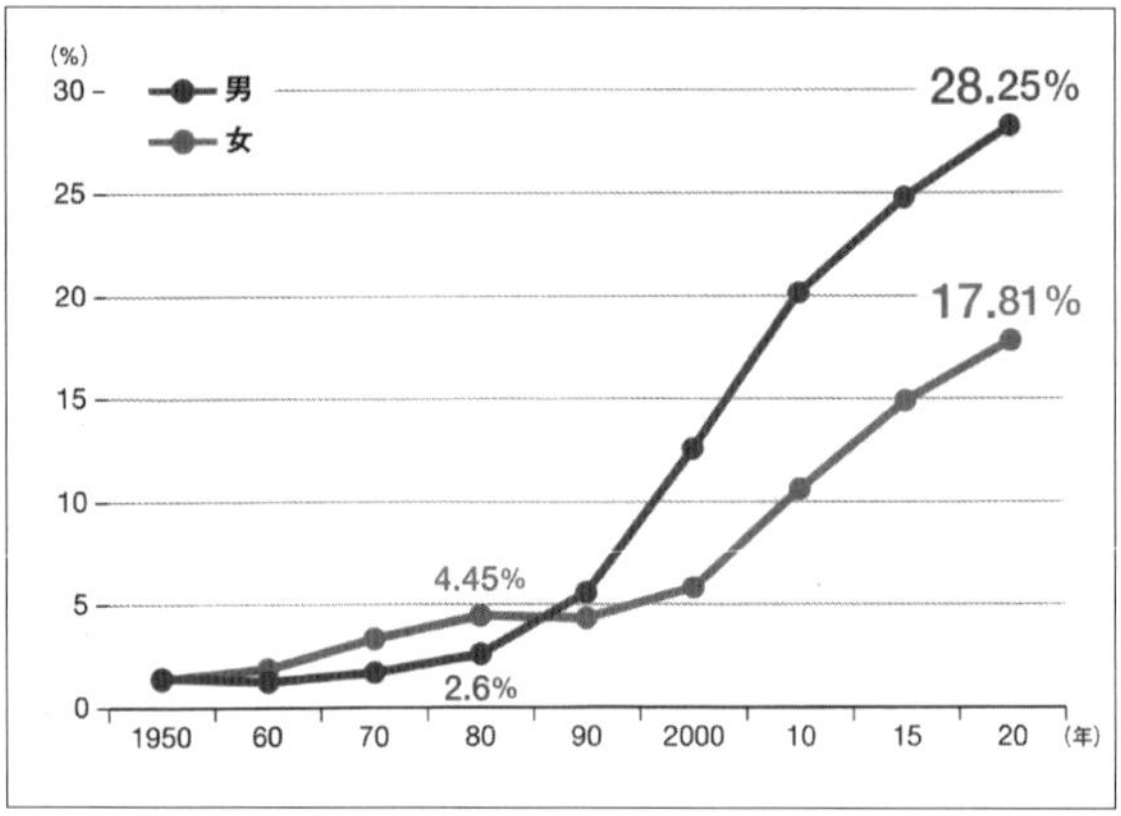

図23　生涯未婚の割合

くださいというのでしょう)。しかし、問題の核心は、結婚できない、結婚したくないということにあるのです。図23は日本における生涯未婚の割合を示した図です。少子化が注目を集めるようになったのは一九九〇年ですが、前年に合計特殊出生率が一・五七となり、それまで最低だった「丙午《ひのえうま》」の一九六六年の一・五八を下回り衝撃を与えました。そこで政府は本格的な子育て支援政策を考えるようになりました。他方では、労働者派遣法の派遣の対象範囲を次々に規制緩和していったのです。図22と図23を比べていただくとわかるように、非正規労働者数と生涯未婚者数は完全に同じ曲線を描いて上昇しています。政府が考えた子育て支援策は先ほども言いましたように結婚したらこのような支援をいたしますというもので、結婚しやすくするものではありません。つまり、政府は少子化対策を進めると言いながら、非正規労働者の規制緩和を次々に進めてその数を見境なく増やすという少子化政策（結婚しづらくして少子化を進める政策）を進めていたのです。岸田政権の「少子化対策」は「異次元」のものだというのは、その通りです。本人にはその自覚はないようですが、その「対策」は、文字通り、「少子化対策」とは「次元が異なる」、つまり、「少子化対策」とは異なる別の「対策」であるわけです。何故そうなるのかと言いますと、それまでの政権がとってきた「少子化政策」（結婚しづらくして少子化を進める政策）に対する反省が少しも見られない、たんなる思いつきの安易な対策に過ぎないからです。

　二〇二四年一月、能登半島地震が起きました。半島には北陸電力の志賀原発がありますが、幸運にも、一、二号機とも運転停止中だったため、住民の避難が必要になる事態は起きませんでした。しかし、この地震で、原発が立地する志賀町の北部の住民の避難ルートと位置づけられていた道路の多くが崩壊や亀裂で寸断され、もし避難が必要になっていた場合の避難計画が大きな問題となりました。その際に、原子力規制委員会の山中伸介委員長がのべたことばは衝撃的なものでした。彼は「自然災害への対応はわれわれの範疇外」であると言ったのです（『朝日新聞』二〇二四年二月二十一日朝刊）。日本の原子力行政の根幹を担う委員会の長が、人間の尊厳の思想が完全に欠如したこのような発言を平然と行うということに大きな衝撃を受けるとともに恐ろしさを感じました。原発の運転差し止めの仮処分を求める地元住民の申し立てを大阪高裁（二〇二四年三月十五日判決）や広島高裁松江支部（二〇二四年五月十五日判決）などの裁判所が避難計画については判断せずに（つまり、無視して）棄却したという事実も同様です。アジア・太平洋戦争中に、軍部の中枢は、自分たちの思いつきの（現地の実情を知ろうともせずに計画した）作戦を遂行するために、現地の将兵たちことなど考慮することなく膨大な数の命を平然と犠牲にしました（すでにのべましたように、その数は一七五万人にも及んでいます。そして、死んだ将兵たちの遺体の大部分は放置されたままなのです。つまり、後は野となれ山となれというわけです。棄民以外の何物でもありません）。先ほどの委員長や裁判官たちの頭にあるのは、国の原子力政策を遂行するということだけであり、そのために生じる国民（住民）の命の犠牲のことなど眼中にないのです。地震や津波などの「自然災害への対応はわれわれの範疇外」であるというのは、災害が起きて原発事故が生じたときに被災者の住民が逃げ惑う事態が生じても、われわれは関知しないということです。そのような原子力規制委員会の委員長の発言や、住民の生命など問題外だとして「避難計画については判断せずに」住民の申し立てを棄却するという判決を下す裁判官たちはそのことを明確に示しています。国の原子力政策の遂行のために住民が何人死のうとかまわないというのです。将兵たちの命を虫けらのように扱って犠牲にした戦時中の軍部の中枢の人物たちと全く同じ発想です。この委員長や裁判官たちは、戦時中に日本の軍部の権力者たちが犯した冷酷きわまりない残忍な過ちのことは知らないのでしょうか。恐ろしいことです。

二〇二四年七月三日、最高裁大法廷は、(国民の)人間の尊厳を基軸に据えた歴史的で画期的な判決を下しました。被害者の障碍者らが国に損害賠償を求めた訴訟の上告審で、十五人の裁判官全員一致で、旧優生保護法(一九四八―一九九六)のもとで不妊手術を強制されたのは憲法違反であり、旧優生保護法は立法時点ですでに違憲だったとし、国に賠償を命じる判決を言い渡したのです。不法行為から二十年を過ぎれば賠償請求権が消えるという「除斥期間」についても、人権侵害の重大性に照らし「適用するのは著しく正義・公平の理念に反する」と判断し、国の主張を退けました(『朝日新聞』二〇二四年七月四日朝刊)。

旧優生保護法は、一九四八年(戦後の新憲法下)に、衆参両院において全会一致で可決、成立しました。優生思想というのは、良質の遺伝形質を保つために、不良な子孫の出生を防止しようとする思想です。そのような優生思想にもとづいて、特定の障害がある人たちを対象者にして強制的に不妊手術を施そうとしたのが旧優生保護法でした。対象者は、遺伝性ではない精神・知的障碍者にまで拡大されました。政府(旧厚生省)は、手術にあたり、本人をだましたり、身体を拘束したり、麻酔薬を使用したりしてもよいと都道府県に通知していました。旧法で認められていたのは、卵管や精管を縛るという不妊手術でしたが、実際には、子宮や睾丸の摘出、放射線照射など、認められていない手術が実施されています。六歳や九歳の子供に手術が行われたという記録も存在します。

二〇二四年七月四日の『朝日新聞』の「天声人語」でとりあげられた被害者の話を紹介します。一九三二年生まれの小林喜美子さんは、三歳のころ病気で耳が聞こえなくなりました。戦後、聴覚障碍者の男性と結婚しました。お見合いでした。子供が欲しかったから、妊娠した時は、夫婦で喜び合いました。翌日母親が突然やってきて、病院に連れていかれました。何もわからないまま、中絶と不妊の手術をされました。「母からも、お医者さんからも、何も説明はありませんでした」。旧優生保護法下の強制不妊は「私の人生を大きく歪めてしまう差別だった」、「悔しいです。わたしの身体をなおしてほしいです」。暗然たることばを残して小林さんは、二〇二三年、八十九歳で亡くなりました。

もう一人、特集記事（『朝日新聞』二〇二四年七月五日朝刊）で取り上げられたある被害者（北三郎さん、仮名、八十一歳）は、十四歳のときに、収容されていた教護院（現在の児童自立支援施設）の先生に突然、産婦人科に連れていかれました。「なんで産婦人科？」という疑問に対する説明もないまま手術台で背中に注射を打たれ、意識を失いました。目が覚めると、何かの手術をされた跡がありました。障碍者であると診断されたことはありませんでしたが、障碍者らへの不妊手術を定めた旧法の対象とされたのです。教護院の友達も同じく手術を受けさせられていました。もう子供はつくれないんだと確信し結婚はしないと決めていましたが、職場の人に勧められて二十八歳で結婚しました。四歳下の妻はやさしい人でした。「子供がほしいね」と妻が口にするたび、打ち明けようとしましたが、できませんでした。養子を迎えようとしたこともありましたが、「私はあなたの子供じゃないとだめだよ」と妻は答えました。結婚して四十年余りが過ぎて、妻が白血病を発症。余命わずかだと告げられ、秘密を抱えたまま、別れたくありませんでした。病室で不妊手術のことを打ち明けました。妻は黙ってうなずき、やさしく笑って、一言も責めず、数日後に亡くなりました。

国の調査報告書によりますと、同法のもとで少なくとも二万五千件の手術が行われたといいます。戦後、多くの人が国内に引き揚げ、出生率も急上昇して人口の過剰が喫緊の課題となりました。戦時中には「産めよ増やせよ」と言っていた人口政策は、多産から抑制へと反転したのです。そのような流れのなかで、国民を選別して、「資質が低い」人たちを減らし国民素質の低下を防止することを目指すべきであるとされたのです。旧優生保護法は国の都合で出生を左右し人口問題に対処しようとする国策の一環だったのです。

民主主義だと言われる戦後の日本で四十八年間ものあいだ、公権力が障害や病気で個人を選別し、生殖能力を奪うという、あってはならない非人道的な行為を行い、人間の尊厳（個人の尊厳、人権）を蹂躙する政策を続けてきたのです。一九九六年になって、やっと、強制不妊に関わる条項は削除されましたが、削除後も国は被害者たちに長いあいだ対応しようとはしませんでした。被害者らが厚生省(当時)の担当者と面会して謝罪や補償を求めても、担当者は「当時は合法だった」、「手続きは慎重で異議申し立てもできた」、「調査を行う予定はない」となどとくりかえすだけだったといいます。メディアも大きく報道することはありませんでした。二〇一九年、議員立法で一時金支給法が成立しましたが、この一時金は「賠償という性格ではなく、一種の見舞金」(政府関係者)に過ぎないとして、「国は長期間にわたり補償はしないという立場をとり続けました」。そこで、被害者たちは国を提訴するに至ったのですが、国は「除斥期間」を主張して被害者たちの訴えを棄却するよう求めたのです。そのような国に対して、最高裁は個人の尊厳と人格の尊重を宣言している憲法十三条にもとづき、「すべて国民は個人として尊重される」ものであり「個人の尊厳と人格の尊重の精神に著しく反する」という判断を下し、国の「除斥期間」の主張を退け違憲であるという判決を言い渡しました。立法や行政が人間の尊厳を蹂躙して顧みようとしないときに、最高裁は国民が期待する司法の責任を確実に果たしたのです。

最高裁が、国が主張する除斥期間を認めず、違憲であるという判断(判決)を下すことができたのは、裁判官たちがぶれることなく「個人の尊厳と人格の尊重」(人間の尊厳)を基軸(軸足)にして思考することができたからです。思考はさまよい(漂流して)無力化することなく、現状を変更する(被害者を救済する)力をもつことができたのです。福島第一原発事故に関する二つの裁判の場合もそうです。東京地裁の民事裁判（朝倉裁判）の裁判官は、原発を運転する危険性（事故が起きたとき、住民の生命や財産が危険にさらされる、つまり住民の人間の尊厳が冒されるという危険性）を基軸（軸足）にして思考しています。そのことによって、彼らの判断（判決）は現状を変革する力、すなわち、再び起きるかもしれない事故の危険性を回避しようとする力をもつことができたのです。それに対して、東京地裁や高裁の刑事裁判（細田裁判）の裁判官は、原発を運転する危険性から目をそらして基軸（軸足）を定めることをしなかった（できなかった）ので、彼らの思考はひたすらさまよい漂流するだけで、現状を変革する力をもちえないばかりか、現状を追認するものとなっているのです。

終章

序章で野球の野村克也監督の話をしました。野村監督は（若い選手にとって）一番大切なことは感性を磨くことや、感じなかったら何も考えやせん、人は感じるものがあってはじめて、それについて考えるんや、と語っています。感じるもの（感性的に見るもの）があってはじめて、考えるんや、感じなかったら（感性的に見るものがなかったら）何も考えやせん、ということばは、思考は感じるもの（感性的に見るもの）があってはじめて成立するのであり、思考として変革する力をもつことができる、感じなかったら（感性的に見るものがなかったら）、思考しているつもりでも、その思考は、根無し草のようにさまよい漂流するだけであり、思考が本来もつ変革する力をもつことができず無力である、ということを意味しています。野村監督が語っているのは、野球の打撃について感じることを考えることによって、打撃の方法を改善することができる、しかし、感じなかったらいくら考えをめぐらせても、その思考は根無し草のようにむなしくさまようだけであり、打撃の方法を改善することができない、ということですが、このことばは、冒頭でものべましたように、たんに野球の打撃についてあてはまるだけではなく、思考の本質を突いたものであり、普遍性をもつことばなのです。わたしたち日本人が、何が自分たちの思考にとって足りないのかをまず知る（野村監督のことばで言えば、感じる）ことがなければ、いくら考えてみても、（野村監督のことばで言えば、何も考えやせん）つまり、思考は（根無し草のように）むなしくさまようだけではないでしょうか。

ふり返ってみますと、レーヴィットが指摘した日本人の階段のない二階家の精神構造は、西欧と日本の感性のありかたの違いによって生じています。その感性のありかたの違いを、西欧のヴェルサイユ宮殿の庭園における視点のありかたと日本の桂離宮の庭園や洛中洛外図における視点のありかたの違いとして説明しました。日本人は、ヴェルサイユ宮殿の庭園における視点のありかたが示しているような固定した一点に基軸を置く西欧の対象的思考方法を輸入して、桂離宮の庭園や洛中洛外図における視点のありかたをしている（西欧とは）異質な感性のもとで身につけたのです。日本人の明治以降の思考と感性の分裂あるいは乖離はこのような構造から生じています。どうすればこの分裂、乖離を解消して、西欧から輸入して身につけた対象的思考方法を伝統的な日本の感性に根づかせることができるのでしょうか。そうするためには、デカルトやヘーゲルの思考のありかたを真摯に検証してみることが必要であるように思われるのです。日本人にはデカルトやヘーゲルなどをすぐに超えようとする習性があるようです。デカルトやヘーゲルの思想を定かに見定めようともせずに（ということは、自らの足元を定かに見定めようともせずに、ということですが）、いきなり超えようとすることによって何が得られるというのでしょうか。得られるものは、自らを豊かにすることのない、たんなる自己満足に過ぎないのではないでしょうか。

十九世紀後半から二十世紀初めにかけてフランスを中心に欧米でジャポニスムが流行しました。この運動は欧米が日本に夢中になったというので、日本人の優越感をくすぐるものですが、ジャポニスムのなかで欧米の人たちは、日本の（浮世絵などの）芸術作品から真剣に学ぼうとしたのであるということを忘れてはならないと思います。何を学ぼうとしたのでしょうか。色彩感覚の問題もありますが、その核心は、芸術作品における視点の問題にありました。話を簡単にするために、西欧の美術史のなかでジャポニスムという芸術運動が占める位置を確認しておきたいと思います。ジャポニスムの運動はルネサンス以来の西欧の伝統的な芸術が変貌しようとする時代に生じており、例えばキュービズムのピカソの芸術のような革新的な芸術の先触れとして存在します。つまり、ルネサンスの時代に確立された固定した一点から世界を見るパースペクティヴの視点は四百年以上も西欧を束縛してきたのですが、ジャポニスムは、その固定した一点から世界を見る視点が崩壊して複数の視点から自由に人体（や世界）を見るようになったピカソのキューービズム芸術の直前に位置しているのです。十九世紀の後半にいたって、ルネサンスの時代に確立された、世界を固定した一点から見る世界観は行き詰まり、桎梏と感じられるようになっていました。西欧の人びとは固定した視点からの解放を求めて模索していたのです。そのようなとき、日本の芸術がもつ自由な視点は人びとを強く引きつける力をもっていたのです。この模索は、後期印象派のゴッホやセザンヌなどを経てやがてキュービズムのピカソへいたることになります。

西欧のデカルトやヘーゲルなどから日本人が学ぶことができること、それは西欧におけるジャポニスムの場合とは逆のベクトルになります。問題は、視点が自由に動く日本人の感性を、固定した一点を基軸として働く西欧の対象的な思考とどのように結びつけるかということになります。デカルトから学ぶことができるのは、まず、思考の対象とそれについて考える〈わたし〉との間に距離を確保することにあります。すでにお話ししましたように、一九九〇年（その四年前の一九八六年には、世界中を震撼させたチェルノブイリの原発事故が起きていますが）、科学技術庁長官に就任したばかりのある長官は関係者や官僚から原発に関する説明を受けた後で、「原子力発電の安全性を肌で感じた」とのべています。それに対して、原爆をつくり、日本に落とした国アメリカのケネディ元大統領は原子力のことを「科学の力によって解き放たれたいまわしい力である」と語っているのです。ケネディ元大統領は核分裂によって生じる破壊的なエネルギーを利用する原子力発電を冷静に対象化して見ています。ところが、原爆を落とされて過酷な被害を被った日本の科学行政の責任者である長官は、安全神話の上に寝そべって、核分裂にほおずりするような発言をしているのです。ほおずりするような距離からは原子力を対象化する見方は出てこないでしょう（もっとも、この発言は、厳密に計算された、国民を安心させるための政治家のリップ・サービスだったのかもしれません。そうであれば、そのようなリップ・サービスで安心する国民の思考のありかたが問題になるわけです）。

対象との距離の問題のつぎにデカルトから学ぶことができるのは、思考を働かせるときに、考える〈わたし〉を基軸（軸足）に固定するということです。デカルトの悟性的思考は、固定した基軸（軸足）を拠点にして、ものごとを対象化して働きます。このような基軸（軸足）を定めることができれば、自由に動く視点に依拠しながら働くわたしたち日本人の思考が根無し草のように浮動して流されることを防ぐことができるでしょう。

つぎに、ヘーゲルから学ぶことができるのは理性的思考です。ヘーゲルの理性的思考は、すでにのべましたように、自らの消滅（無）を自覚している悟性的思考です。自らの消滅（無）を自覚している悟性的思考としての理性的思考は、悟性的思考の限界を自覚していますので、悟性的思考を監視して恣意的に（勝手に）働くのを許さず、悟性的思考が働く拠点となる基軸（軸足）をどこに置くか見定めることができるのです。ヘーゲルから学ぶといっても、日本人にヘーゲルのような『論理学』が書けるわけではありません。日本人のように視点が自由に動くのではなく、デカルトの悟性的思考のように、固定した一点を基軸（軸足）として働く思考の伝統があってはじめて、ヘーゲルの『論理学』は成立するのです。ヘーゲルから日本人が学べることは、視点が自由に動く感性に基礎をおきながら、選びとったある一つの視点における基軸（軸足）のありかたを見定めて対象的思考を働かせる、悟性的思考をそのように監視しながら自覚的に使用することができるようになるということです。

デカルトやヘーゲルから学べることについて理論的にのべてみましたが、話がいささか堅苦しくなりました。もっと実用的に砕けた言いかたをしますと、基軸（軸足）を定めてものごとを対象化して思考すれば、思考が根無し草のように浮動して流されることはないというのは、先ほどのべたことですが、福島第一原発事故の民事裁判の裁判官たちや旧優生保護法に関する最高裁に裁判官たちが行っていることなのです。デカルトにかんして、思考の対象とそれについて考える〈わたし〉とのあいだに距離を確保することが大切であると言いました。日本では、考える〈わたし〉（思考する主体）のありかたが希薄です。考える〈わたし〉（思考する主体）のありかたが希薄なので思考の対象とそれについて考える〈わたし〉とのあいだに距離を確保することが困難になるのです。では、どうすればよいのでしょうか。わたしは、わたし自身が人間の尊厳の思想の対象である（〈わたし〉が個人としてその存在が尊重されねばならない）ということを自覚することによってその問題は解決できるのではないかと考えています。そのように考えることによって自己を対象化する（つまり、自分を対象とみなすことによって、対象として自分を眺める〈わたし〉を確立する）ことができます。自分を対象化することができれば（対象として自分を眺める〈わたし〉を確立すれば）、たとえば、「生きて虜囚の辱めを受けず」という訓示が存在しても、〈わたし〉はその訓示に呪縛されたままでいるのではなく、その外に出て、呪縛を突破できる（つまり、それに抵抗する）ことができるようになるでしょう。そうすることによって、思考は現状に抵抗する力をもつことができます。自分を対象として眺めることができるようになれば、また、自分を反省する力を身につけることができます。自分たちが犯した過ちを反省しようとする人びとを自虐的だと言って批判する人たちがいます。そのように批判する人たちは、犯した過ちのなかに捕らわれたままで、その外に出ることができないので、反省することができない自分たちには、反省する人たちが、自虐的にしか見えないと語っているにすぎないのです。

野村監督が語っていることでもう一つ見落としてはならないことがあります。それは、人は感じるものがあってはじめて、それについて考えるのである、だから考えるためには「感性を磨くこと」が大切であるということについてです。同様のことを詩人の長田弘が語っていますので引用します。「『考える』とは、理屈をつけることでなく、『深く感じる』ということ。『深く感じる』力を自分の中に育てられないと、何も見えてこないんじゃないだろうか」（『朝日新聞』二〇〇二年一月七日朝刊）。社会科学や自然科学などの本を読んで知識を広め深めることは大切ですが、文学作品を読んで感動するのを積み重ねることは特に大切であるとわたしは考えています。作品に感動するというのは作品の主人公（や作者）と自分との区別がつかなくなり、一体化するということです。他者としての主人公（や作者）に自分がこのようにして同一化することによって、自分の中のそれまで知らなかった新しい自己を発見することができるのです。感動を積み重ねることが「感性を磨くこと」につながり、「深く感じる」力を育てることになるのではないでしょうか。

ついこの間まで、失われた十年と言われていましたが、それが失われた二十年になり、今では失われた三十年になりました。自分たちが失ったのにもかかわらず、他人事のように失われたとみなしてすませているのです。このままでは、失われた四十年、失われた五十年がやってくるのではないでしょうか。思考がさまよい、漂流を続け、そのため思考としてもつべき現状を変革する力をもちえないまま流され続ければ、日本の未来の見通しは決して明るいものではありません。

夏目漱石は『三四郎』のなかで熊本の第五高等学校を卒業した主人公の小川三四郎が、上京する列車のなかで広田先生に出会う場面を描いています。広田先生は（そのときにはまだこの人物が第一高等学校の英語の教師であるとはわからなかったのですが）、いくら日露戦争に勝って、一等国になっても、日本には富士山以外に自慢するものは何もないと言って、にやにや笑っていると描かれています。日露戦争以後こんな人間に出会うとは思いもよらなかった三四郎は「しかしこれからは日本も段々発展するでしょう」と日本を弁護します。するとこの男は、すました顔で、「亡びるね」と言いました。『三四郎』が発表されたのは一九〇八（明治四十一）年ですが、その三年後の一九一一（明治四十四）年に漱石は『現代日本の開化』という講演を行っています。この講演のなかで、漱石は、よく知られているように、日本の開化（西欧文化の受容）は「外発的」であり、「皮相上滑りの開化」であると語っています。漱石はこの講演のなかで「外国人に対して乃公《おれ》の国には富士山があると云うような馬鹿は今日は余り云わない様だが、戦争以後一等国になったんだという高慢な声は随所に聞く」と語っています。このことばは先ほどの『三四郎』のなかの広田先生のことばと同様のものです。広田先生は、漱石が創作したたんなる作中人物ではなく、作者漱石の分身なのです。『三四郎』の広田先生と『現代日本の開化』の講演を結びつけてみますと、「外発的」で「皮相上滑りの開化」をとげた日本はやがて「亡びる」だろう、と漱石が広田先生に語らせていることになります（日露戦争以後日本は一等国になったのだという高慢な思いは、先のアジア・太平洋戦争の敗北で一度亡びたと言うことができるかもしれませんが、今は戦後の日本の現在の実情を話題にしているわけです）。西欧で生み出された近代的思考（対象的思考）を「皮相上滑り」に受けとめて、ひたすらさまよい漂流するだけの思考、言い換えますと、思考本来がもつ現状を変革する力をもたない現代日本の無力な思考を続けるならば、日本は、たとえ亡びることはないとしても、衰退していくだけではないでしょうか。

付記

原稿を書き終えて初校の校正を行っている段階で、三月五日に、福島第一原発事故刑事裁判の最高裁の判決が出ました。検察官役の指定弁護士が東京高裁の無罪判決（細田判決）を不服として上告し、最高裁小法廷は旧経営陣の被告たちは事故を予見することはできなかったという高裁の判断は合理的で正当であるとみなしてその上告を棄却したのです。こうして福島第一原発事故をめぐって東京電力の旧経営陣の刑事責任を問う裁判は無罪が確定しました。東京地検は原告の提訴を二度不起訴処分にしています。この裁判は、検察審査会が強制起訴の決定を行い、検察官役の指定弁護士が提訴することになりましたが、このような決着をみたのです（東日本大震災によって福島原発事故という重大事故が発生しましたが、事故を防止するための対策を何も取ろうとしなかった無責任な旧経営陣を検察は不起訴処分にし、最高裁は無罪の判決を下しました）。

本文でのべましたように、被告の旧経営陣たちは、地震調査研究推進本部が公表した「長期評価」など国内の専門機関や専門家の予想があったにもかかわらず、また、スリーマイル島原発事故やチェルノブイリ原発事故、フランスのルブレイユ原発の事故、インドのマドラス原発の事故などの国外のいくつもの事故の先例があったにもかかわらず、さらには、社内の津波対策の担当部署が対策を講じることを具申しても、何の対策も一切講じようとはしませんでした。東電の子会社が「長期評価」の予測にもとづいて津波の計算を行い、重大な結果をもたらす可能性があると指摘したのですが、被告たちは、その報告に対応しようとはせずに、独断的に、計算結果の妥当性の検討を土木学会（この学会が東電のひも付きだったということは本文でのべました）に委ねる先送りの指示を行っているのです。

なぜ、被告の旧経営陣たちは一切何の対策も講じようとはしなかったのでしょうか。それは、被告たちが安全神話に浸っていて、原発の危険性を省みることなく、ひたすら経営上の効率問題（金計算）に没頭していたからです。わずか四メートルの高さしかないところにあった建屋に置かれたポンプなどの防水対策やバッテリー備蓄など、最低限の津波対策でさえとろうとしていないのです（日本原電の東海第二原発は「長期評価」にもとづいて、防水対策などの事故回避のための津波対策をとっています）。事故を防ぐためにそのような基本的な津波対策をまずとるべきだというのは専門家でなくとも一般人でも思いつく初歩的な常識です。しかし、旧経営陣たちがそのような対策を講じなかったことに関して、本文でのべましたように、高裁の細田判決は、「当時の知見」にはそのような認識はなかった、事故は防げたかもしれないというのは「事後的に得られた情報や知見を前提にしたもの」であり、「当時の知見」を前提にすれば「後知恵によるバイパス」であると決めつけています。そのような認識がなかったというのは、被告の旧経営陣たちの知見がそうであったにすぎないのであり、被告たちにそのような認識がなかっただけなのです。建屋の浸水対策を講じていれば事故は防げたかもしれないというのは、被告たちにとっては「後知恵」にすぎないということです（ここで、二つ前の文章以下の「被告の旧経営陣」や「被告」という個所を、「高裁の裁判官」と置き換えてもいいでしょう）。高裁の細田判決が、被告の旧経営陣たちのことではなく、あたかも一般的なことであるかのようにのべているのは、詭弁にすぎません。

被告の旧経営陣たちは、事故を予見（予測）できなかったのではなく、予見（予測）しようとする意志を欠いていたのであり、予見（予測）しなかったのです。

最高裁小法廷が、東京高裁のこのような詭弁を合理的で正当であるとして旧経営陣たちに無罪の判決を下したのは、沖縄の辺野古問題の場合と同じように、政権に阿《おもね》るという最高裁の例の悪しき習性によるものです。最高裁の判決は、危険な原発の運転に責任を持つ経営者に、危険を予見（予測）しなくてもいいのですよ、できなかったと言ってあげますから、何もしなくてもいいのですよと言っているのであり、東電の旧経営陣がそうであるように、原発の事故を回避しようとする意志が完全に欠落しているのです。東電の旧経営陣を無罪とみなすことは、被害を受けた国民を放置するということを意味しており、原発の運転は国家の政策であり、国民はその政策によって生じる被害を受忍すべきであるという受忍論に直結するものです。現在、政府は東日本大震災後に堅持してきた「原発依存を可能な限り低減する」との文言を削り、原発政策を積極的に推進する方向に政策を転換しようとしています。最高裁判決の思考は、福島原発事故のさいに避難する人たちが逃げ惑い何人もの死者を出したことの責任を全く感じない被告の旧経営陣たちに同調し、政府のこのような政策に迎合しようとする非論理的で冷酷な、見境なく漂流する無残な思考です。

図版一覧

図1　ヴェルサイユ宮殿の庭園の平面図　出典：*PUTZGER HISTORISCHER WELTATLAS*, Cornelsen-Velhagen & Klasing, 1979．点S、P、A、B、Cは著者による。
図2　ヴェルサイユ宮殿の庭園の散策路　出典：『世界ふれあい街歩き　ベルサイユ』NHK BS、二〇一三年。
図3　ヴェルサイユ宮殿の庭園の座標　著者作図。
図4　デューラーの銅版画　出典：Alison Cole; *PERSPEKTIVE*, Belser Verlag, 1993.
図5　マッハのスケッチ　出典：Ernst Mach; *ANALYSE DER EMPFINDUNGEN*, Wissenschaftliche Buch-gesellschaft, 1987.
図6　中世の絵画「聖マタイ」　出典：『グランド世界美術全集第九巻　ヨーロッパ中世の美術』講談社、一九七七年。
図7　マサッチョ「三位一体」(部分)　出典：Alison Cole; *PERSPEKTIVE*, Belser Verlag, 1993.
図8　ロットの「神の目」　出典：Mauro Zanchi; *LORENZO LOTTO E L'IMAGINARIO AL CHEMICO*, Ferrari Editrice, 1997.
図9　ウィーン、聖ミヒャエル教会内陣天井の「神の目」　著者撮影。
図10　マサッチョ「三位一体」の消失点（F点）　図7にもとづいて著者作図。

図11　サンパオレシによるマサッチョの視点の図解（G点）　出典：Piero Sanpaolesi; *BRUNELLESCHI*, Edizioni per il Club del Libro, 1962.

図12　デューラー「自画像」（部分）　出典：『グランド世界美術全集第一三巻　デューラー／ファン・アイク／ボッシュ』講談社、一九七六年。

図13　ヘーゲルの図解（〈わたし〉の二重化＝世界の対象化）　著者作図。

図14　桂離宮の庭園の平面図　出典：『桂離宮――空間と形』岩波書店、一九八三年。点A、B、Cは著者による。

図15　桂離宮の庭園の散策路　出典：同右。

図16　洛中洛外図（右隻の六曲）　出典：『国宝上杉家本　洛中洛外図大観』小学館、二〇〇一年。

図17　拡大図（祇園祭）　出典：同右。

図18　庭園の天橋立　出典：大橋治三『日本の庭　形と流れ』下、クオレ、一九九九年。

図19　実景の天橋立　出典：『ひととき』二〇二二年三月号。

図20　秋田美人の少女　出典：「(秋田県産) 秋田米あきたこまち」の米袋。

図21　原子力ムラの相関図　出典：島崎邦彦『3・11　大津波の対策を邪魔した男たち』青志社、二〇二三年。

図22　非正規労働者数の推移。総務省統計局「労働力調査特別調査」「労働力調査特別調査」「労働力調査結果」（長期時系列表）『朝日新聞』（二〇一六年四月十二日）を加工して作成されたもの。　出典：北川慧一、古賀大己、澤路毅彦『非正規クライシス』朝日新聞出版、二〇一七年。

図23　生涯未婚の割合。国立社会保障・人口問題研究所「第十六回出生動向基本調査」（二〇二二）を元に作成されたもの。「生涯未婚率」は「五十歳時の未婚率」を指す。四十五―四十九歳と五十―五十四歳における割合の平均値。二〇一五、二〇二〇年は不詳補完値に基づく。　出典：『Wedge』二〇二三年八月号。

あとがき

思考が漂流するというのは、思考がむなしくさまよい、思考が本来持っている現状（現実）を変える（変革する）力を失い、現状（現実）に流されることを言います。なぜそのようなことが起きるのかと言えば、西洋から輸入して身につけた日本人の近代的思考が日本人の感性に根差すことなく、根無し草の状態にあるからです。現在の日本の政治、経済など社会のさまざまな領域で見られる停滞はこのような思考の漂流によって生じているのではないでしょうか。

わたし（著者）は西洋の近代的な思考がどのような感性にもとづいて成立したのか、そして、その近代的思考を受けいれた日本人の感性がどのようなものであり、その感性にもとづく日本人の近代的思考がどのようなありかたをしているのか、徹底して検討し検証してみる必要があると考えました。

その上で、思考の漂流を阻止し、思考が本来もっている現状（現実）を変える（変革する）力を取り戻すにはどのようにすべきなのかを考えてみました。思考の働きを取り戻すことによってはじめて現在の日本の閉塞的な停滞を解消する道が開けると考えるからです。

もう十年以上も前になりますが、『日本人はなぜ考えようとしないのか』（新曜社）という本を上梓したとき、わたしの尊敬するある方に本をお送りしたことがあります。そのとき、その方から、「日本人だって考えていますよ」という感想をいただきました。そのような感想をいただくというのは、問題の取り組みかたや表現のしかたが十分ではなく、言いたいことが未だ明晰さを欠いているからだと思いました。そのことがずっと心に掛かっていたのですが、人生も終わりが近くなってその問題を済ませておきたいと思うようになりました。そこで、問題と真正面から取り組んで、できるだけ明晰な書きかたをするように心がけながらこの本を書きました。わたしとしましては全力を尽くしたつもりですが、結果がどうであるかは、その方の、そしてまた、読者の皆様の判断を待つばかりです。

原稿が出来上がって本にしてくれる出版社を探していたのですが、お送りした原稿を読んでくださった水声社の社主の鈴木宏さんから、わたしのところで出版しましょうというお手紙をいただきました。とてもうれしく、ありがたいお手紙でした。鈴木さんの決断に心から感謝しています。また、編集の仕事では吉山小百合さんにすっかりお世話になりました。ありがとうございました。
なお、文中で「私」ということばを使わずに、〈わたし〉という表現を用いています。その理由は、日本語で一人称代名詞とよばれている、「私」（や「ぼく」などの自分を指すことば）はヨーロッパ語、例えば、英語の「I」に相当するとみなされています。しかし、わたし（著者）は根底において相当しないところがあると考えます。本文でのべましたように（二三八頁以下）、たとえば、「行く」と聞かれたとき、「行かない」と答えたとします。日本語では「行かない」ですが、英語では「I don't go」です。日本語には主語となる（はずの）「私」はありませんが、英語には「I」があります。これらの二つのことばの違いについては本文では事例をもう少し挙げています（それ以上の詳しいことは『日本人の〈わたし〉を求めて』（新曜社）を参照してください）。「私」と「I」には言語としての構造上の違いがあるのです。そのようなわけで、ヨーロッパ語、たとえば、英語の一人称代名詞として「I」の意味で使うときには、「私」ではなく、〈わたし〉という表現を用いることにしました。

新形信和

二〇二五年三月十二日　湯河原にて

著者について──

新形信和（にいがたのぶかず）　一九四〇年、熊本県に生まれ、福岡県（福岡市）で育つ。京都大学大学院文学研究科修士課程修了。愛知大学国際コミュニケーション学部名誉教授。専攻は比較思想、比較文化論。主な著書に、『無の比較思想──ノーヴァリス、ヘーゲル、ハイデガーから西田へ』（ミネルヴァ書房、一九九八年）、『日本人の〈わたし〉を求めて──比較文化論のすすめ』（新曜社、二〇〇七年）、『ひき裂かれた〈わたし〉──思想としての志賀直哉』（新曜社、二〇〇九年）、『日本人はなぜ考えようとしないのか──福島原発事故と日本文化』（新曜社、二〇一四年）、『日本人と西洋文化』（未知谷、二〇二〇年、筆名、にしくにさき）、*Über das Nichts des Denkens Zum Anfang der Hegelschen Logik*（『思考の無について──ヘーゲル論理学のはじまりのために』）（publiQation Academic Publishing、二〇二二年）などがある。

装幀——齋藤久美子

漂流する思考

二〇二五年四月三〇日第一版第一刷印刷　二〇二五年五月一〇日第一版第一刷発行

著者――新形信和

発行者――鈴木宏

発行所――株式会社水声社

東京都文京区小石川二―七―五　郵便番号一一二―〇〇〇二

電話〇三―三八一八―六〇四〇　FAX〇三―三八一八―二四三七

［編集部］横浜市港北区新吉田東一―七七―一七　郵便番号二二三―〇〇五八

電話〇四五―七一七―五三五六　FAX〇四五―七一七―五三五七

郵便振替〇〇一八〇―四―六五四一〇〇

URL : http://www.suiseisha.net

印刷・製本――精興社

ISBN978-4-8010-0868-7